O que acontece quando uma mulher caminha pela fé

Lysa TerKeurst

O que acontece quando uma mulher caminha pela fé

PEQUENOS GRANDES PASSOS PARA
DESFRUTAR A **PLENITUDE DO AMOR DE DEUS**

What Happens Women Walk in Faith
Copyright© 2005 por Lysa TerKeurst
Publicado por Harvest House Publishers
Eugene, Oregon, 97408
www.harvesthousepublishers.com

1ª edição: fevereiro de 2022

TRADUÇÃO
Ana Paula Argentino

REVISÃO
Bruna Gomes
Francine Torres

DIAGRAMAÇÃO
Sonia Peticov

CAPA
Rafael Brum

EDITOR
Aldo Menezes

COORDENADOR DE PRODUÇÃO
Mauro Terrengui

IMPRESSÃO E ACABAMENTO
Imprensa da Fé

As opiniões, as interpretações e os conceitos emitidos nesta obra são de responsabilidade da autora e não refletem necessariamente o ponto de vista da Hagnos.

Todos os direitos desta edição reservados à
EDITORA HAGNOS LTDA.
Av. Jacinto Júlio, 27
04815-160 — São Paulo, SP
Tel.: (11) 5668-5668

E-mail: hagnos@hagnos.com.br
Home page: www.hagnos.com.br

Dados Internacionais de Catalogação na Publicação (CIP)
Angélica Ilacqua CRB-8/7057

Terkeurst, Lysa

O que acontece quando uma mulher caminha pela fé: pequenos grandes passos para desfrutar a plenitude do amor de Deus / Lysa TerKeurst; tradução de Ana Paula Argentino. — São Paulo: Hagnos, 2022.

ISBN 978-65-86109-93-1

Título original: What Happens When Women Walk in Faith.

1. Vida cristã 2. Mulheres 3. Fé I. Título II. Argentino, Ana Paula.

21-5647   CDD 231

Índices para catálogo sistemático:
1. Vida cristã

Para meus dois filhos lindos, Jackson e Mark. Por meio de vocês, Deus tem feito meus pés trilharem caminhos que jamais imaginei que pudessem ser tão fantásticos.

Desde a primeira noite que vocês me chamaram de "mamãe", minha vida e meu coração nunca mais foram os mesmos. Dedico as palavras escritas aqui a vocês, com muito carinho.

AGRADECIMENTOS

Primeiro, ao meu marido, Art, que ainda faz meu coração palpitar. Amo segurar sua mão enquanto nos empenhamos em buscar a Deus juntos. Obrigada por não só me incentivar a escrever esta mensagem, mas por vivenciar isso comigo diariamente. Seu espírito valente e coração rendido a Deus me inspiram!

Para as três meninas que fazem minha vida mais divertida como jamais imaginei ser possível... Hope, obrigada por me ajudar a ser organizada e pontual. Eu não conheço outra menina de 11 anos que maneja um Palm Pilot com tanta habilidade quanto você. Tenho até medo de ter um!

Ashley, obrigada por sempre me lembrar de não me conformar com os caminhos fáceis da vida. Depois de vê-la escalar a corda da academia dia após dia, eu simplesmente soube que tinha de continuar tentando. Obrigada por me encorajar.

Brooke, obrigada por ser um exemplo vivo de que as princesas ainda existem e estão bem, por garantir que minhas roupas combinem, e por não me deixar esquecer das melhores coisas da vida, como glitter e gloss labial.

Amo muito vocês três.

Aos meus eternos amigos do Proverbs 31 Ministries: Sharon J., Lara, LeAnn, Amanda, Barb, Wendy, Glynnis, Renee, Laurie, Melissa, Bonnie, Jill, Lisa, Micca, Sharon G., Zoe, Susanne, Charlene, Luann, Ramona, Marie, Melissa T., Mary, Rachel, Van, Leigh e Marybeth. Não consigo pensar em outro grupo de mulheres com quem eu seria capaz de passar a minha vida inteira trabalhando junto! O amor de vocês pelo Senhor e sua dedicação à família e a esse ministério me deixam encantada.

À Marybeth Whalen; obrigada por me fazer persistir neste projeto. Algumas vezes eu quis desistir, mas você continuou me lembrando de que esta era uma mensagem que as mulheres precisavam ouvir. Obrigada por finalmente superar o constrangimento do meu café com chocolate branco (desnatado, três *pumps* de calda, sem chantilly, sem espuma e, por favor, superquente), pela paciência, pelo incentivo durante nossas sessões de *brainstorm* e por conceder suas habilidades de redação para este projeto. Você é uma amiga querida.

Ao Meu Maravilhoso Fim de Semana Sem Homens da Wanda... Vocês me ajudam a manter minha sanidade mental! Wanda, Paige, Kim, Marybeth... obrigada por me inspirarem a ser a historiadora da minha família. Ah, e obrigada também pelas conversas e gargalhadas, até tarde da noite, de fazer a barriga doer de tanto rir! Segredos são segredos, certo?

Por último, mas não menos importante, obrigada à minha equipe editorial maravilhosa da Harvest House. Terry, Barb, Carolyn, Nick, Gene, Bob, Teresa, Julie, Jill e o resto da turma. Vocês são minha família. Obrigada por me encorajarem, acreditarem em minhas pregações e trabalharem com minhas palavras até que elas fizessem sentido. É uma alegria enorme trabalhar com gente boa!

SUMÁRIO

Introdução • 11

FASE UM: DEIXAR PARA TRÁS

Um
O mapa • 17

Dois
Uma linha na areia • 26

Três
Deus tem um plano • 35

Quatro
Amando a Deus mais do que os meus sonhos • 44

FASE DOIS: ESCASSEZ

Cinco
Nossa alma foi feita para a aventura • 55

Seis
O convite extraordinário de Deus • 63

Sete
Deus é por você • 74

Oito
Recusando-se a se atolar na amargura • 82

FASE TRÊS: CRER

Nove

O caminho mais improvável • 93

Dez

Bloqueios e garantias • 102

Onze

Deus vai dar um jeito • 112

Doze

Aprendendo a liderar • 122

FASE QUATRO: MORTE

Treze

Morte não significa derrota • 137

Catorze

Atravessando a dor • 148

Quinze

Deus não se surpreende com a morte • 156

Dezesseis

A porção, posição e promessa de Deus • 166

FASE CINCO: RESSURREIÇÃO

Dezessete

O sonho de Deus, o modo de Deus • 181

Dezoito

Promessa feita é promessa cumprida • 191

Dezenove

Deus dá vida aos sonhos • 201

Vinte

Todas as promessas cumpridas • 210

INTRODUÇÃO

Eu creio que Deus dá um sonho para cada mulher. Não o *mesmo* sonho, é claro, mas um que é particularmente adaptado para seus talentos e para os propósitos do Senhor. Cada mulher recebe um sonho que só ela é destinada a cumprir.

Mas, assim como foi prometida aos israelitas uma terra que manava leite e mel se eles tivessem fé para prosseguir e tomar posse da Terra Prometida, cada mulher com um sonho também enfrenta obstáculos que a impedem de ter o melhor de Deus para ela. Os israelitas tiveram de vencer gigantes na terra. Gigantes que incutiram medo no coração daqueles a quem foi dada a promessa. Como resultado, alguns recuaram. O desânimo tomou conta. Fadiga, impaciência, descrença... tudo isso era comum para aqueles homens e mulheres que passaram 40 anos no deserto porque simplesmente não conseguiam caminhar em fé rumo ao destino para o qual Deus os havia chamado. Conheço muitas mulheres que *sabem* em seu coração que Deus tem grandes coisas para elas, mas a cada passo dado para avançar, elas encontram obstáculos. Os gigantes que habitavam a Terra Prometida delas. E elas sentem as mesmas emoções dos israelitas: desânimo, fadiga e descrença.

Conheço essas emoções não só por causa das mulheres que encontro, mas porque eu mesma vivenciei cada uma delas. Eu *ainda* enfrento obstáculos à medida que busco o que Deus me chamou para fazer. Mas nos vários anos passados, conforme tenho estado disposta a seguir em frente apesar das dificuldades, Deus entregou meu sonho para mim.

Deixe-me perguntar: Qual é o sonho que Deus lhe deu? Talvez você não consiga colocar em palavras, exceto dizer que sabe que Deus quer usá-la. Mas *como* isso vai acontecer... você não tem muita certeza.

Está tudo bem não saber como Deus quer usar você. Quando uma mulher começa a caminhar em fé até Deus, Ele dará o sonho a ela. Para mim, o sonho se concretizou em palestras públicas, em livros e no nascimento do ministério Proverbs 31. O jeito que Deus quer usar você — o seu sonho — é bem possível que seja totalmente diferente. Mas embora os sonhos que temos não sejam iguais, descobri que o caminho é muito parecido para a maioria das mulheres. E trilhar esse caminho pela fé é o tema de *O que acontece quando mulheres caminham em fé.*

Nos próximos capítulos, quero falar sobre as cinco fases que identifiquei na Bíblia que são comuns para quem tem andado com Deus em busca dos seus sonhos. Ao longo deste livro, veremos como várias personagens bíblicas suportaram essas cinco fases e como podemos reconhecê-las em nossa própria caminhada de fé. Também vou compartilhar com você muitas das minhas próprias aventuras conforme progredi nesses estágios diversas vezes. Espero que, ao compreender melhor essas fases de fé, você possa evitar o desânimo e animar muitas de nós que têm atolado ao longo do caminho. Você será capaz de prosseguir, caminhar com segurança e não duvidará de Deus.

INTRODUÇÃO

As cinco fases da fé andam lado a lado com as cinco verdades essenciais de Deus:

1. Deus tem um plano para mim.
2. Deus é por mim.
3. Deus vai dar um jeito.
4. Deus não fica surpreso com a morte.
5. Deus dá vida aos sonhos.

Se você tiver essas verdades essenciais em mente, elas irão sustentá-la enquanto você avança nas cinco fases da fé. Você vai descobrir que Satanás logo irá se opor quando você começar a realizar seu sonho. Ele vai sugerir algumas mentiras que se opõem diretamente às cinco verdades que acabamos de ver. São elas:

1. Você não é tão importante para Deus.
2. Deus está ocupado demais com gente importante para ser incomodado pela pessoa insignificante que você é.
3. Não se deve confiar em Deus.
4. Morte significa derrota.
5. Os sonhos acontecem por acaso.

Essas são as mentiras que Satanás vai usar para matar o seu sonho. Quanto mais entendermos a diferença entre verdade e mentira, mais livres seremos para caminhar com Deus pelas fases da fé sem nos desviarmos.

Estas são as cinco fases da fé que você enfrentará para alcançar o seu sonho:

1. *Deixar para trás:* para ir a um novo nível de fé com Deus, você tem que deixar as coisas velhas para trás.
2. *Escassez:* nesse novo lugar, você vai perceber que sua zona de conforto já era e aprenderá a depender de Deus como nunca antes.
3. *Crer:* você sempre quis verdadeiramente crer em Deus, mas agora sua experiência com Ele se torna muito real para negá-la.
4. *Morte:* chegar ao fim da sua capacidade de fazer as coisas acontecerem parece a morte para você, mas para Deus, é o único caminho para uma vida nova com Ele.
5. *Ressurreição:* de uma forma que só Ele seria capaz, Deus realiza o seu sonho. Mas só quando você realmente entender que a verdadeira alegria não está no sonho em si, e sim na fé mais rica que você obteve ao longo do caminho.

Portanto, prepare-se, minha amiga. Calce seu tênis mais confortável. Você teve um entendimento básico de para onde estamos indo e é hora de partir. Ao final de cada capítulo, você vai encontrar a seção Estudo Bíblico Pessoal. Talvez seja útil ter um caderno para anotar suas respostas e indagações ao longo do caminho. Separe um tempo para ler as Escrituras, reflita sobre as perguntas e escreva suas respostas em seu caderno. Você está empolgada? Eu estou! De fato, caminhar com Deus nos leva a lugares impressionantes!

FASE UM

Deixar para trás

CAPÍTULO UM

O MAPA

Eu me sinto tão insignificante. Tão pequena. Fui em direção à palestrante em frente ao recinto. Ela estava cercada por mulheres de todas as idades. Algumas só queriam dar-lhe um abraço, chorando. Outras seguravam seus livros nas mãos, buscando uma nota de incentivo ou um autógrafo.

Eu só queria perguntar-lhe *como*?

Como permito que Deus pegue minha vida despedaçada e a use para sua glória? Seria possível que uma menina rejeitada pelo pai pudesse de fato ser escolhida e separada para um chamado divino? Deus realmente podia ter um propósito para a *minha* vida, assim como teve para a dela?

Esperei na fila pela minha vez. Então, quando abri a boca para falar, minha garganta apertou, meus olhos marejaram e tudo o que pude balbuciar foi um "como?" emotivo. Queria que ela me levasse para a casa dela e me ensinasse. Queria que ela me colocasse dentro de sua mala, me retirasse da minha vida insignificante e me colocasse em uma que fizesse a diferença. Queria que ela compartilhasse uma resposta rápida e fácil, três passos fáceis para a vida dos seus sonhos, tudo pela bagatela de participar do seminário. Essa palestrante, no entanto, não era uma ilusionista, uma vendedora astuta ou uma mulher procurando por uma nova hóspede. Ela era uma mulher que vivenciou mágoas profundas e decepções amargas, mas escolheu render sua vida — com todos os seus fracassos e dores — a Deus. Agora ela estava sendo usada por Ele de um jeito realmente maravilhoso.

Ela não me deu a resposta rápida e fácil que eu estava procurando. Ela não me deu nenhuma direção ou sabedoria profunda. Tivemos somente tempo para que ela simplesmente me dissesse como começou, e então me vi voltando para o meu lugar. Mas eu não estava voltando vazia e sem esperança. O que essa palestrante deixou faltar em palavras, ela compensou com seu exemplo. Eu tinha visto Jesus nela. Tinha visto a prova viva da redenção de Deus. Pensei comigo mesma: "Se Deus pode fazer isso com ela, acho que tem esperança para mim, afinal de contas". E foi assim que algo novo, grande e direcionado por Deus nasceu em mim e foi confirmado em meu coração de um jeito inegável naquele dia.

DEUS VAI PREENCHER OS VAZIOS

Embora eu ainda não soubesse *como* Deus poderia talvez me usar, eu sabia que Ele podia dar um jeito. Embora soubesse *quando* Deus poderia me usar, eu sabia que o tempo oportuno estava em suas mãos. Embora nem sequer achasse que tinha muito a oferecer, eu sabia que Deus preencheria meus vazios. Eu simplesmente sabia que Deus estava me chamado, me convidando para algo com suas impressões digitais por toda a parte. E isso bastava.

Com certeza minha vida não mudou da noite para o dia. Eu vivenciei um período de espera, um tempo de crescimento, desenvolvimento e perseverança quando Deus me preparou. As lições de paciência, confiança, rendição e aprendizado para se estabilizar; todas precederam meu avanço. Mas mesmo nesse tempo aparentemente insignificante de testes e podas, Deus estava me preparando para a fase seguinte. O "período de preparação" não foi perda de tempo. Foi uma parte importante para cumprir meu chamado. Embora eu não pudesse ver muitos frutos, Deus estava fazendo meus ramos ficarem prontos e saudáveis o bastante para suportar toda a novidade que estava por vir.

Então, saí empolgada da conferência naquele dia, só para ser nocauteada com uma dose chocante de realidade de volta para casa. Ainda havia a louça para ser lavada, as roupas para serem dobradas, os cantos para serem varridos e a vida diária para lidar. Para ser totalmente honesta, eu não gostava da minha vida mundana. E ainda que a chamemos de mundana, ela é, de uma forma muito importante, relevante na escola de preparação divina.

SONHOS E DESESPERO

Ainda me lembro de quando eu era uma garotinha olhando pela janela do meu quarto, sonhando com o homem com quem viria a me casar e com a criança que um dia me chamaria de mamãe. Eu contava os anos nos dedos da minha mãozinha e me alegrava à medida que cada um se passava. A cada novo aniversário, minha antecipação aumentava. Como a maioria das outras garotas, eu tinha outros objetivos e sonhos, mas o conto de fadas do meu coração era ser esposa e mãe. Eu mal podia esperar!

Então, de repente, eu era uma mulher adulta, e de fato Deus me abençoou com ambos: um marido amoroso e filhos maravilhosos... Mas eu me sentia miserável.

Como isso era possível? Que tipo de piada terrível era aquela, que exatamente o que eu sonhei que me traria a felicidade absoluta tinha, na verdade, me conduzido a um desespero profundo? Como eu me sentia ingrata! Eu havia pedido, implorado, suplicado a Deus para me dar esses dons, e agora eu estava procurando desesperadamente a política de devolução.

Será que me faltava algo, geneticamente falando? À medida que eu observava na igreja, no supermercado e na padaria, via outras mulheres que pareciam felizes em ser a mulher do comercial de margarina da minha geração. Elas passavam por mim, rindo e cantando para seus bebês como se estivessem em um filme romântico. Mencionavam casualmente que seus maridos iriam levá-las para Nova York naquele fim de semana. Aquelas mulheres eram todas magras, é claro, e suas listas de compras bem organizadas davam sinais de que seus lares certamente eram mais arrumados do que o meu.

O que havia de errado comigo? Como mulher, eu me sentia um fracasso. E o mais perturbador era o fato eu não gostar de ser mãe. Meu filho mal saiu do meu útero e eu já era membro ouro do Clube da Culpa das Mães. Você consegue imaginar sentir-se assim e, então, refletir que Deus está chamando *você* para o ministério?

Quem você pensa que é? Acha mesmo que Deus poderia usar uma mulher como você para ajudar os outros? Os sussurros do Diabo eram persistentes. Para ser honesta, infelizmente eu concordava com ele. Naquela conferência, eu tinha sentido muita segurança do chamado de Deus, mas de volta à vida diária, comecei a duvidar.

Meu único recurso era a oração. Eu me ajoelhei e clamei ao Senhor por sua confirmação. E como Deus sempre faz, Ele me encontrou lá, no momento certo. Ele me garantiu que não chama os capacitados, mas capacita a quem chama.

RENDENDO-SE À INADEQUAÇÃO

Minha amiga, eu não sei onde você está enquanto lê estas palavras. Não conheço as circunstâncias da sua vida. Não sei qual sonho Deus lhe deu. Talvez você também não saiba — ainda. Mas sei que você tem este livro em mãos por um motivo. Deus tem um plano para você. Um sonho que talvez você nem possa imaginar, uma missão que não consegue compreender e nem sequer ousaria considerar como sendo para *você*. Oro para que à medida que compartilho honestamente as dúvidas que tive, você encontre grande esperança de que Deus realmente pode usar qualquer mulher que rende suas limitações e circunstâncias a Ele. Tenho visto Ele agir várias vezes na vida de mulheres que estavam dispostas a caminhar em fé, mas tenho visto isso mais poderosamente em minha própria vida.

Embora tenha começado pequeno e acontecido de forma lenta, agora sou capaz de viver o sonho que Deus me deu. E também, o mais importante: agora sou uma feliz esposa e mãe de cinco filhos. Acordo a maioria dos dias empolgada com minha vida e não consigo esperar por desembrulhar as bênçãos de servir, amar e apreciar quem Deus tem me confiado.

No entanto — e não me leve a mal por isso — ainda tem dias que me sinto um fracasso, mas eles são poucos e distantes entre si. Minhas circunstâncias realmente não mudaram desde aqueles dias de mãe novata (exceto que agora eu tenho muitos filhos!), mas minha perspectiva com certeza mudou.

A perspectiva é a chave. Se eu jamais tivesse o marido e as crianças que tenho, estou convencida de que eu seria uma pessoa egoísta e sem um bom caráter. Deus usa fatores diferentes em vidas diversas para esculpi-las e moldá-las, e a minha família foi a ferramenta perfeita que Ele usou para construir a minha vida.

Deus usou muitas experiências da vida diária para esculpir-me e moldar-me para o ministério. Aprendi muito a ser fiel no pouco, nas responsabilidades diárias e, com o tempo, Deus foi capaz de me confiar responsabilidades maiores. Qualquer mulher que deseja ser usada por Deus deve estar disposta a honrá-lo, não importam as circunstâncias.

HONRANDO DEUS

Durante aqueles anos passados, Deus estava me perguntando: "Lysa, quando começar a se sentir sobrecarregada ao lavar a roupa e cuidar das crianças, cozinhar as refeições e lidar com a vida, *você vai me honrar?* Fará tudo com um coração grato? Verá as bênçãos escondidas nas listas intermináveis de tarefas? Vai abrir mão dos seus planos vantajosos e fáceis e aceitar os meus planos para o seu crescimento e maturidade?".

Quando alinhei minhas perspectivas com as de Deus e decidi honrá-lo em todas as coisas, nas grandes e nas pequenas, eu finalmente estava pronta para viver o ministério. Minhas circunstâncias não eram perfeitas, mas eu sabia qual face buscar quando me sentia desanimada. Então, declarei em meu coração que eu era uma mulher em um ministério, dedicada a servir a Deus, e comecei a prestar atenção ao seu convite de me unir a Ele.

Confie em mim, aqueles primeiros passos eram a última coisa dos holofotes do ministério. Eram escolhas diárias para honrar a Deus bem onde eu estava. Para passar tempo com a Palavra de Deus mesmo quando meus afazeres da lista pareciam ser mais urgentes. Para ser primeiro preenchida por Ele, pois assim eu podia amar, dar e servir sem excesso, em vez de confiar em minha própria força. Para honrar meu marido mesmo quando ele dissesse algo que ferisse meus sentimentos. Para escolher manter uma boa atitude mesmo quando o caixa da padaria cobrou errado e demorou mais do que o necessário para resolver o problema. Para ter paciência com meus filhos e manter a calma, mesmo quando minha vontade era de gritar e mandá-los para seus quartos. Para servir aos outros com amor, sem chamar a atenção para o meu serviço. Honrar a Deus desse modo foi uma parte vital de preparar o meu coração para servi-lo de formas mais abrangentes.

Deus deseja que nós o honremos. Ele quer que coloquemos as conveniências pessoais de lado, que desistamos das nossas próprias ideias e superemos nossa vontade teimosa de ter e fazer as coisas do nosso jeito e em nosso tempo. Deus quer nossa obediência, mas não só da boca para fora. Uma coisa é dizer que vamos servi-lo, outra coisa é servi-lo com entrega total. Não espere pelo dia perfeito para servir a Deus. Faça hoje essa escolha. Não pense que não está fazendo o que Deus lhe chamou para fazer só porque as coisas não parecem glamorosas como você imaginou que seriam. *Se você é uma mulher que honra a Deus aí mesmo onde você está, você está em um ministério.* Continue a ser obediente, a buscar pela próxima porta de oportunidade aberta e, acima de tudo, apegue-se ao nosso Senhor.

ESTUDO BÍBLICO PESSOAL

1. Leia Jó 1:6, Lucas 22:31 e 1Pedro 5:8.

Esses versículos mostram como Satanás é ativo em nosso mundo. O próprio nome dele significa "aquele que separa", e seu objetivo principal é separar-nos de Deus. Ele quer que busquemos outras coisas — até mesmo coisas boas —, pois assim perdemos o melhor de Deus para nós. Ele quer manter-nos ocupados. Ele deseja encher nossa cabeça de mentiras para que não consigamos ouvir a verdade de Deus. Muitas vezes eu permiti que os truques dele me fizessem descer pelo caminho errado. E você? Quais táticas Satanás está usando para tentar derrotá-la agora mesmo?

2. Leia Efésios 6:11, Tiago 4:7 e João 10:10.

Satanás usa a mesma velha sacola de truques, mas nós temos Deus — que é infinitamente criativo — do nosso lado. Podemos recorrer a Ele como nosso apoio, sabedoria e escape sob a tentação (1Coríntios 10:13). Deus nos dá a força para permanecer e a armadura para nos proteger do inimigo. Satanás vem para roubar nossa alegria, matar nosso espírito e destruir nossa esperança. Ele se disfarça como anjo de luz, enganando-nos com sua falsa beleza (1Coríntios 11:14). Devemos estar cientes de como ele opera, assim podemos guardar nossa mente, coração e passos à medida que avançamos em nossa jornada espetacular. Pode acreditar, essa é a viagem que Satanás não quer que você faça. E ele vai tirar de sua sacola todos os truques possíveis para tentar impedi-la, mas basta lembrar-se do paradigma bíblico: "Portanto, submetam-se a Deus. Resistam ao Diabo, e ele fugirá de vocês" (Tiago 4:7). "Aproximem-se de Deus, e ele se aproximará de vocês!" (Tiago 4:8).

Em seu caderno, faça uma lista de algumas maneiras práticas de resistir ao Diabo e uma lista de algumas maneiras práticas de aproximar-se de Deus.

3. Leia Hebreus 10:35-36.

À medida que avançamos juntas em nossa jornada, quero que você realmente considere esses versículos. Copie-os em seu caderno. Este livro foi escrito para capacitá-la em sua jornada com confiança, não importa para onde Deus estiver conduzindo a sua vida. Sua jornada não vai se parecer com a minha — ela é tão única quanto você. As mesmas verdades básicas descritas nesses versículos, no entanto, aplicam-se para todos nós. Circule estas palavras, depois de ter copiado os versículos: *confiança, perseverança* e *prometido*. Minha oração é que você encontre a confiança necessária para perseverar até ter recebido o que Deus lhe prometeu. Persista, minha amiga, e prepare-se para ficar boquiaberta com o que Deus tem para mostrar-lhe por meio deste estudo!

CAPÍTULO DOIS

UMA LINHA NA AREIA

Para honrar Deus totalmente, você tem de ter fé suficiente para deixar tudo com Ele. *Deixar tudo? Deixar tudo e ir aonde?*, você pode se perguntar. Deixar o jeito que sempre fez a vida e começar a fazer as coisas com Deus de modo diferente. Deixar a atitude, deixar o orgulho teimoso, deixar o controle e acima de tudo, deixar a descrença. *Espere um pouco*, você diz. *Pensei que Deus estava prestes a me pedir para avançar e fazer grandes coisas por Ele, mas você está dizendo que o primeiro passo é deixar as coisas para trás?*

Com certeza.

Anos atrás, eu dirigia uma minivan velha. Ela me levava aonde eu queria, mas não tinha muitos dos confortos e das conveniências que um modelo mais novo teria me dado. Para começo de conversa, o espelho retrovisor caiu do para-brisa. Fui comprar um kit de conserto, pensando que eu mesma consertaria e pouparia um pouco de dinheiro. Mas, enquanto eu lia as orientações para usar a supercola, o medo tomou conta do meu coração e as visões de um desastre começaram a dançar em minha mente. As instruções estavam em negrito com o aviso de que você não deve deixar a cola cair em sua pele, ou poderia literalmente ficar presa a qualquer coisa que estivesse colando. Não sou uma mulher de grande coordenação motora, e as coisas mais constrangedoras sempre acontecem comigo. Então, fiquei convencida de que eu seria uma de milhões que na verdade teria de dirigir até o hospital porque o polegar estaria permanentemente colado ao para--brisa! Por isso, deixei de lado o kit e dirigi por aí com o espelho retrovisor em meu porta-copos, e o usava só quando era absolutamente necessário.

Felizmente, aprendi outras formas de dirigir pela estrada, tais como usar meus espelhos retrovisores externos ou pedir aos outros passageiros no carro para checar o trânsito. O que logo entendi é que usar o espelho retrovisor não era tão necessário como uma vez pensei que fosse. Para ser honesta, sempre o usei pelos motivos errados. Eu o usava para maquiar-me enquanto dirigia — perigoso e desnecessário. Usava-o para esbravejar com as crianças enquanto dirigia — perigoso e desnecessário. Usava-o para acelerar para a outra pista quando o motorista à minha frente era uma lesma, na minha opinião apressada – perigoso e desnecessário. Olhar para trás e para frente ao mesmo tempo é impossível. Consegue imaginar o quanto as estradas seriam perigosas se cada um dirigisse por aí olhando somente pelo espelho retrovisor?

É bem mais seguro estar focada na estrada em sua frente e usar o retrovisor quando for absolutamente necessário.

NÃO OLHE PARA TRÁS

Talvez seja um exemplo bobo, mas demonstra um ponto de vista espiritual forte. Não podemos ir em frente com Deus para lugares novos e empolgantes se estamos gastando muito tempo olhando para trás. Devemos deixar nosso passado para trás, desenhar uma linha na areia e nos determinarmos a prosseguir *adiante* com Deus. Na verdade, toda vez que o Senhor chama seus servos para ir até novas alturas com Ele, Deus tem que, primeiro, atravessar um processo de deixar para trás.

Em Gênesis capítulo 7, vemos Noé e sua família sendo chamados por Deus para sair e entrar na arca. Pela obediência deles, suas vidas foram poupadas, assim como toda a raça humana. No livro de Rute, vemos a viúva Rute tomando a difícil decisão de se manter fiel à sua sogra, sair de Moabe e viajar até Belém. Pela sua obediência, ela encontra um novo marido depois de algum tempo e, da sua linhagem, nasce Jesus. Em 1Samuel 16, encontramos Samuel sendo enviado para ungir um dos filhos de Jessé para ser o novo rei. Davi, o mais jovem e improvável candidato, foi o escolhido. Após imediatamente ser ungido rei, ele teve de deixar os campos e rebanhos para ir ao palácio. Outro ponto interessante para observar é que ele não foi ao palácio para assentar-se ao trono logo de cara. Primeiro, ele teve de servir o rei em exercício como um harpista. Devido à sua obediência quanto ao deixar para trás, podemos ler sobre alguém a quem o Senhor chamou de o homem segundo o coração de Deus.

Jeremias capítulo 1 narra a história estarrecedora do chamado de Jeremias. "A palavra do Senhor veio a mim, dizendo: 'Antes de formá-lo no ventre eu o escolhi; antes de você nascer, eu o separei e o designei profeta às nações'. Mas eu disse: 'Ah, Soberano Senhor! Eu não sei falar, pois ainda sou muito jovem'" (Jeremias 1:4-6).

Agora leia a resposta do Senhor para Jeremias: "Não diga que é muito jovem. A todos a quem eu o enviar você irá e dirá tudo o que eu lhe ordenar. Não tenha medo deles, pois eu estou com você para protegê-lo" (Jeremias 1:7-8). Você viu o verbo *ir*? Sim, de fato, Jeremias deixou seu jeito antigo de confiar em sua própria capacidade e aceitou uma nova forma de pensar. Porque ele foi obediente a Deus, o Senhor prometeu dar-lhe cada palavra e poder para cumprir a missão que estava diante dele. "O Senhor então estendeu a mão, tocou a minha boca e disse-me: 'Agora ponho em sua boca as minhas palavras. Veja! Eu hoje dou a você autoridade sobre nações e reinos, para arrancar, despedaçar, arruinar e destruir; para edificar e para plantar'" (Jeremias 1:9-10).

No Novo Testamento, quando Jesus chamou seus discípulos, a primeira coisa que eles tiveram de fazer foi deixar tudo, onde quer que estivessem e o que quer que estivessem fazendo, para segui-lo. Andando à beira do mar da Galileia, Jesus viu dois irmãos: Simão, chamado Pedro, e André. Eles estavam lançando redes ao mar, pois eram pescadores. E disse Jesus: "Sigam-me, e eu os farei pescadores de homens". No mesmo instante, eles deixaram suas redes e o seguiram (Mateus 4:18-20). Pela obediência desses homens, temos um registro das ações transformadoras de vida e das verdades de Jesus.

Mesmo quando o casamento é mencionado em Gênesis e Mateus, a ordem "deixar" é a primeira. Em ambos os livros, é dito que o homem deixará pai e mãe e se unirá à sua mulher, e eles se tornarão uma só carne (Gênesis 2:24; Mateus 19:5).

Então, é surpresa que você também será chamada a deixar? Você pode ou não ter de mudar de locais físicos, mas certamente terá de mudar sua mentalidade e suas perspectivas espirituais. Várias vezes, a fórmula de *começar algo novo* inicia-se com *deixar as coisas velhas*. Deixar é geralmente um ato de obediência, e não um desejo do coração. É difícil! Faz você sair da sua zona de conforto e adentrar em uma vida que requer fé.

UM PRIMEIRO PASSO PODEROSO

Certa vez, eu estava ensinando esse princípio num retiro quando, mais tarde, uma senhora veio até mim para agradecer pelo convite de desenhar uma linha na areia e deixar o passado para trás. Eu havia desafiado aquelas mulheres: "Só por que chegaram aqui de um jeito não significa que precisam sair da mesma forma. Se veio como uma mulher desanimada, saia *incentivada*. Se veio como fracassada, saia *vitoriosa*. Se veio como uma mãe que grita com os filhos, saia desafiada a *fazer as melhores escolhas*. Se veio como uma esposa que não honra seu marido como devia, saia *renovada com novas perspectivas*. Seja qual for a sua limitação, deixe Deus preencher suas lacunas neste fim de semana e fortalecê-la para sair daqui transformada. Ter a experiência de uma mudança de vida não é mero acaso, é uma questão de escolha, de escolher o jeito de Deus em vez do seu próprio jeito".

Com lágrimas nos olhos, essa querida mulher abraçou-me e agradeceu-me por dar-lhe esperança de que as coisas poderiam ser diferentes — e o incentivo para fazer isso acontecer. Alguns meses depois, recebi um e-mail dela dizendo que ela literalmente havia desenhado uma linha no chão quando voltou para casa, em New Hampshire. Assim que entrou com o carro na garagem, ela pegou um taco de hóquei, desenhou uma linha na neve e ficou parada atrás dela. Como não queria fazer a declaração sozinha, ela buzinou até que seu esposo e seus filhos saíssem para recebê-la e, então, os instruiu para que ficassem atrás da linha com ela.

Segurando as lágrimas, ela disse que sabia que não estava sendo a mulher de Deus que gostaria de ser ou a esposa e mãe que eles mereciam. Mas, ao longo da semana, Deus havia lhe mostrado algumas verdades estarrecedoras, e ela estava fazendo a escolha de mudar. Assim, toda a família deu as mãos e, juntos, passaram por cima da linha. Deixar para trás é um primeiro passo poderoso!

A vida daquela mulher passaria a ser as mil maravilhas a partir daquele momento? Não! As circunstâncias eram as mesmas, mas *ela* estava diferente. Ela estava mudando. Ela estava determinada a honrar Deus e começar uma vida que exigia fé. Ela teria de depender do Senhor como nunca antes.

SEU NOVO NOME

Do que você precisa para deixar o que deve ser deixado? Qual mudança aconteceria em você como resultado de deixar as coisas para trás? Qual poderia ser o preço a ser pago? Qual será a sua recompensa? Posteriormente, nesta seção, iremos fazer uma caminhada com Abraão, que passou por todas as cinco fases que veremos aqui para cumprir o chamado de sua vida. Vamos prestar muita atenção na fase do deixar para trás. Abraão foi obediente em deixar para trás e, por isso, algo importante aconteceu no meio da jornada do patriarca. Enquanto você se pergunta a respeito dessas questões difíceis sobre "deixar para trás", quero ressaltar algumas coisas.

> Quando Abrão tinha 99 anos, o Senhor apareceu para ele e disse: "Eu sou o Deus Todo-poderoso; ande segundo a minha vontade e seja íntegro. Estabelecerei a minha aliança entre mim e você e multiplicarei muitíssimo a sua descendência". Abrão prostrou-se com rosto em terra, e Deus lhe disse: "De minha parte, esta é a minha aliança com você. Você será o pai de muitas nações. Não será mais chamado Abrão; seu nome será Abraão, porque eu o constituí pai

de muitas nações. Eu o tornarei extremamente prolífero; de você farei nações e de você procederão reis" (Gênesis 17:1-6).

Agora, para pintarmos o pano de fundo do que tinha acontecido na vida de Abraão, vamos lembrar que ele tinha sido desobediente a Deus. Treze anos atrás, tentando realizar o sonho que Deus havia plantado em seu coração por meio de seus próprios esquemas e planos — ou seja, pela sua própria força —, ele teve um filho com a serva de sua mulher. Abraão tinha perdido a visão da capacidade de Deus de cumprir o que havia prometido. Então, Deus restabeleceu a promessa, renovou a visão e soprou uma nova vida de volta aos sonhos de Abraão. O Senhor disse a ele que já estava feito. Leia estas palavras: "porque eu o constituí pai de muitas nações". Não "eu o farei" pai de muitas nações, mas "já o *constituí*". Com isso, Deus diz a Abraão que Ele tem tudo sob controle.

E você notou a frase anterior? Deus dá a Abraão um novo nome. Ele era chamado de Abrão antes do encontro que restabeleceu a aliança, mas depois passou a ser chamado pelo seu novo nome. *Abraão* significa "pai de muitos". Deus renomeou Abraão e renomeou você também.

Quando você atravessa a fase de deixar para trás, é necessário deixar muito para trás. Mas você não sai desse lugar de mãos vazias. Você vai capacitada e com um novo nome. Eu costumava ser uma mulher despedaçada, insegura e incapaz, mas quando escolhi deixar para trás e caminhar com Deus, tornei-me uma mulher santa, escolhida e capacitada pelo Senhor com um sonho! Eu não estou mais olhando para trás! Capacitada com seu mapa e focada no futuro, você também estará mais perto do que imagina da fé que sempre quis.

ESTUDO BÍBLICO PESSOAL

1. Leia Hebreus 11.

Vamos nos referir a esse capítulo ao longo do livro, mas quero que tire um tempo agora para lê-lo por inteiro. Esse texto é conhecido como "a galeria dos heróis da fé". A medida que começamos juntas essa jornada de fé, os relatos nesse capítulo irão inspirá-la e incentivá-la. Anote os nomes de Hebreus 11 em seu caderno. O que você já sabe sobre eles? Eles foram pessoas perfeitas, ou eram cheias das fragilidades humanas? Eles fizeram todas as escolhas certas, ou suas decisões erradas tornaram-se parte do processo de aprendizado? Deus os escolheu porque eles eram santos perfeitos ou porque eram pessoas comuns que confiavam nele? Permita que esse capítulo ministre em você enquanto pondera as pessoas totalmente imperfeitas que Deus usou no passado para fazer grandes feitos. Ele também pode usar você!

2. Leia Isaías 43:16-19 e Filipenses 3:12-14.

Caminhar pela fé inclui deixar o passado para trás. No primeiro capítulo, mencionamos os esquemas de Satanás para derrotar-nos e separar-nos de Deus. Uma de suas táticas principais é usar nossos erros passados para nos prejudicar. Ele é muito astuto ao trazer o passado à nossa mente, fazendo com que nos sintamos inúteis, ineficientes e indignas. Deus, porém, quer fazer algo novo dentro de você! Ele deseja que você siga em frente, avançando rumo à Terra Prometida que Ele já colocou na sua frente, esquecendo-se dos fracassos do passado. Enquanto todas nós precisamos nos lembrar dos egípcios dos quais Deus nos livrou, temos de mudar nosso foco, jogar fora o espelho retrovisor e buscar a direção de Deus em oração enquanto avançamos em nossa caminhada com Ele.

Após ler os versículos em Isaías, anote alguns em seu caderno e reflita: para onde Filipenses 3:12-14 relata que estamos avançando?

3. Leia Salmos 147:4, Isaías 62:2-3 e Apocalipse 3:11-12.

Abraão, como veremos, finalmente tem um filho chamado Isaque, cujo nome significa "ele riu" porque ambos, Abraão e Sara, riram quando o Senhor lhes disse teriam um filho na velhice (Gênesis 17:17; 18:12). Os nomes significam muito para o Senhor. Ele mudou os nomes de Abraão e de Sara. Ele disse a Abraão que seu filho se chamaria Isaque antes mesmo de o bebê ser concebido. Ele também designou o Nome sobre todos os nomes para seu filho Unigênito, Jesus. Quando nos unimos à família de Deus, Ele escreve nosso nome no Livro da Vida. E Ele nos chama de seus filhos amados. Podemos reivindicar nosso novo nome, o qual Ele gravou nas palmas de suas mãos (Isaías 49:16). Você sabe o significado do seu nome? Se não souber, faça uma pesquisa rápida hoje mesmo para descobrir o que significa. Então, escreva o significado do seu nome em seu caderno e veja se consegue encontrar um versículo que se relacione com ele. Assim que o fizer, também anote o versículo no caderno e gaste um tempo analisando como ele se aplica à sua vida e ao plano de Deus para você.

CAPÍTULO TRÊS

DEUS TEM UM PLANO

Enquanto eu buscava pelo meu sonho, vivenciei inúmeras vezes a fase de deixar para trás e todas as outras fases de fé. A cada fase, porém, Deus me dava uma fé mais forte do que eu tivera antes. Esse é o plano dele. Seu objetivo máximo é nos desenvolver para que sejamos mais e mais como seu Filho, que tinha uma fé incrível. Procuro sempre manter isso em mente para não me abalar quando, por algum motivo, Deus parece não querer fazer as coisas do meu jeito ou no meu tempo. Então, para deixar algumas coisas para trás, precisamos aprender que Deus tem um plano e *confiar* nele.

Agindo assim, aprendemos que devemos deixar nossa velha identidade para trás. No capítulo anterior, vimos que Deus nos deu um novo nome, mas às vezes tentamos colocar esse nome em nossa velha identidade. Tive de aprender a deixar para trás as minhas visões erradas sobre mim e a amargura do meu passado. De modo peculiar, adentrei em uma espécie de cobertor protetor, uma vez que eu estava acostumada a agir em um âmbito privado, mantendo todos a uma distância segura. Sempre achei que estar

num ministério significava pintar a fachada de que eu era perfeita, pois só assim eu poderia mostrar que era uma serva capacitada
por Deus. Rapidamente, porém, aprendi que as pessoas não ficam
impressionadas pela falsa perfeição — elas se afastam e se sentem
intimidadas!

Deus queria que eu fosse honesta e real. Minha identidade
deveria ser essa. O Senhor queria fazer brilhar sua graça, misericórdia, amor e redenção por meio das minhas culpas, fracassos
e fragilidades. Ele queria me fortalecer com sua força. Ele queria
ser glorificado em todo e qualquer bem que viria dos esforços do
meu ministério.

Como já mencionei, meu sonho — o ministério que Deus me
deu — começou bem pequeno, limitado pelas paredes da minha
casa. Por fim, Deus me levou até uma senhora que era apaixonada
por incentivar mulheres por meio de um informativo, e eu concordei em ajudá-la a escrever e promover o pequeno informativo.
As assinaturas do informativo aumentaram consideravelmente e
resultou em outras oportunidades de ministério. Nossa estação
de rádio cristã local convidou-nos para ir ao ar para compartilhar algumas pequenas reflexões devocionais. De lá, começamos
a receber convites para palestrar em grupos pequenos.

Então, com as pernas bambas, a voz trêmula e os esboços mais
tristes que você já viu, agendei minhas primeiras palestras. De alguma forma, as senhoras foram tocadas e o ministério continuou
a crescer.

UMA IDEIA BRILHANTE

Finalmente, tive a brilhante ideia de escrever um livro. Digi-
tei meus esboços em forma de capítulos, pensei em alguns títu-
los chamativos, coloquei uma folha de rosto naquela coleção

desorganizada e a chamei de proposta de livro. Uma outra amiga minha, Sharon Jaynes, e eu fomos ingenuamente à Convenção Anual da Christian Booksellers Association International cheias de expectativas de encontrar uma editora ansiosa para publicar nossa proposta de livro. Afinal de contas, a parte difícil de publicar um livro era escrevê-lo, certo? Bem, aprendi bem rápido que isso estava bem longe de ser verdade. A onda de cartas de rejeição que encheram minha escrivaninha nos meses após a conferência colidiram com minhas enormes esperanças e grandes sonhos. Será que eu tinha ouvido errado de Deus? Eu realmente sentia que Ele havia me dito que eu escreveria livros para ajudar as mulheres, e isso me levou, à minha maneira, a forçar o sonho a se tornar realidade, e deu tudo errado. Por conta própria, planejei a viagem para a convenção pensando que, se eu precisava encontrar uma editora, seria melhor ir aonde elas estavam. Mas os meus esforços não produziram nada além de decepção.

Deus realmente tinha um plano para mim, mas o seu plano começou bem menor do que o meu: Ele abriu portas para eu escrever pequenos artigos para mais informativos e mais revistas. Cumprir o ministério do jeito divino, no entanto, era recompensador. Jamais mc esquecerei da primeira vez em que vi meu nome como autora de um artigo publicado. Deus também abriu as portas da biblioteca e me disse para contar os livros se eu conseguisse, pois aquele era o número de livros que, no fim, viriam pelo ministério Proverbs 31. Não que eu fosse escrever todos eles, mas as mulheres em todo o mundo teriam uma visão para escrever suas mensagens e eu poderia contribuir para dar-lhes a coragem para escrever.

Eu tanto acreditava que Deus um dia me daria a chance de escrever um livro que me comprometi a esperar nele. Decidi não ir mais atrás de editoras, pois esperaria até que Deus trouxesse uma para mim. Peguei minhas propostas de livros, coloquei-as em um arquivo, fechei a gaveta e agradeci a Deus com antecedência por aquele dia que chegaria. *Eu acreditava*. Escolhi aceitar a fase de deixar para trás e confiar em Deus.

A REALIDADE NOCAUTEIA

Três anos depois, escrevi um artigo para uma publicação financeira. Para ser totalmente honesta, achei que aquele era um dos meus piores artigos, mas aquele texto me abriu as portas de uma editora que amou o artigo a ponto de me oferecer um contrato para escrever um livro. Só Deus poderia fazer tal coisa! Acho que Deus queria garantir que eu soubesse que um contrato de livro tinha menos a ver comigo e mais a ver com Ele agindo por meio de mim — tudo em seu devido tempo.

Eu estava dançando de alegria onde quer que eu fosse. Deus fez! Deus fez mesmo! Não sei se meus pés tocaram o chão por dias. Eu ia ter um livro publicado. Não podia acreditar no quanto estava contente até que uma dura realidade me nocauteou: ter o contrato de uma obra é uma coisa, mas escrever um livro de fato — todas as 50 mil palavras — é outra coisa totalmente diferente. Será que eu era louca? Por que eu quis isso, será que alguém poderia me lembrar o motivo? Eu sabia o que eram 50 mil palavras? Será que conhecia 1.000 palavras que poderiam, de alguma forma, se juntar de 50 formas diferentes?

Embora eu estivesse assustada e insegura, comecei a reunir citações e histórias. Assumi um estilo de escrita mais autoritário e datilografei minhas primeiras 10 mil palavras. Descansei em total alegria, percebendo que cumpriria o primeiro prazo do meu editor. Eu ia enviar a primeira seção do livro para sua aprovação

antes de continuar. Como uma mãe orgulhosa do seu filho recém-
-nascido, com muita ansiedade, deixei outra pessoa segurar meu
pequeno. Eu mal podia esperar para ouvir seu relato brilhante de
como minhas palavras eram lindas cheias de promessas. Em vez
disso, porém, recebi duas páginas de correção que poderiam ser
resumidas em três palavras de fazer tremer o chão: "Comece de
novo! Deitei-me no chão ao lado do meu computador, enfiei meu
rosto no carpete e chorei em voz alta. Oh, como dói essa rejeição!
Eu tinha abraçado a fase de deixar para trás e estava empolgada
em seguir em frente, mas isso era um chamado para deixar para
trás novamente, o que abalou minha visão do que Deus estava
fazendo. Lembrei-me mais uma vez de que eu devo *deixar* algo
para trás para ser capaz de seguir em frente.

MEUS PLANOS E O PLANO DE DEUS

Percebi que eu tinha duas escolhas: agarrar meu sonho e sufocá-lo
até a morte ou abrir mão dele e deixar minhas próprias tentativas
de fazer a obra de Deus cair por terra. Escolhi a última opção,
apesar das minhas lágrimas. Mesmo com toda a fé que eu pudesse
reunir, entreguei meu livro nas mãos de Deus e só então entendi.
Ele estava me chamando para simplesmente colocar meu desejo
de escrever um livro no altar.

Deus exigia um sacrifício, mas não era o projeto inteiro. Ele
me permitiu usar um outro sacrifício no lugar. Meu outro sacrifício eram minhas 10 mil primeiras palavras. A recompensa era um
livro onde encontrei meu lugar como amiga da minha leitora em
vez de uma "especialista oficial".

O plano de Deus era perfeito, e quando deixei os meus planos para trás, o Senhor permitiu que eu participasse dos *dele*.
Olhando em retrospectiva, não gostaria que fosse de outra

maneira. Ainda me lembro de segurar nas mãos aquele primeiro livro publicado. Ver meu nome na capa, folhear as páginas e ver as digitais de Deus por todo projeto encheu meus olhos d'água. Mais uma vez, fui lembrada de que o livro não se tratava de ter uma publicação. Isso foi algo paralelo, um benefício adicional. O verdadeiro tesouro foi caminhar com Deus ao longo do projeto. Ser lembrada em primeira mão que de fato Deus tem um plano. Não só um bom plano. Nem mesmo um plano muito bom. Deus tem o plano *perfeito*.

Minha nova voz mudou também outros aspectos do meu ministério. Coloquei de lado os esboços tristes e ousados das palestras que vinha ministrando e os troquei pelo compartilhar do meu verdadeiro eu, meu eu imperfeito e desesperado por Deus. Deus honrou minha obediência e continuou a desenrolar um plano que jamais imaginei.

O ministério Proverbs 31 crescera rumo a um ministério internacional de mulheres com uma equipe feminina dedicada que havia entendido a visão de Deus. Os devocionais transformaram-se em um programa de rádio diário ouvido por mais de mil estações. A revistinha se tornou uma revista mensal de 16 páginas coloridas. Passamos a contar com mais de 20 palestrantes que levam a mensagem desse ministério pelo mundo. E aquele sonho de muitas palavras? As mulheres associadas ao Proverbs 31 publicaram 21 livros — até o momento, pois tem mais vindo aí.

GENTE DO DIA A DIA

Fiquei humildemente maravilhada. Minhas colegas de trabalho ficaram humildemente maravilhadas. Éramos todas mulheres comuns, do dia a dia. Deus certamente não precisa de nós para esse ministério, mas permite que sejamos parte dele. O Senhor tem uma missão ministerial para você e deseja que você se junte a Ele. Logo você também ficará surpresa.

Para cada uma das minhas palestras, arrumo uma mesa cheia de livros. Cada título é um lembrete para mim. Pode parecer somente páginas e palavras emolduradas numa capa, mas para mim é muito mais do que isso. A pequena semente do sonho de escrever livros que ajudariam outras mulheres brotou e floresceu. Esses livros levam a mensagem que Deus me deu e levam as outras mulheres do meu time para lugares que jamais poderíamos ir. Elas são suas palavras emprestadas a nós por Ele. Ele as usa para inspirar, incentivar, ensinar e ajudar os outros. Elas são a prova viva de que caminhar com Deus realmente leva você para lugares surpreendentes!

Você está pronta para se aventurar em seus próprios lugares únicos e emocionantes? Comprometa-se a deixar sua agenda para trás e segure firme na mão de Deus. A jornada só está começando.

ESTUDO BÍBLICO PESSOAL

1. Leia Neemias 9:7-8, Atos 3:25 e Gálatas 3:6-9.

Como já vimos em Hebreus capítulo 11, Deus não busca por gente perfeita para fazer sua obra. Eu primeiro acreditei por engano que precisava ser perfeita para servir Deus de modo eficaz. Acho que muitos acreditam na mentira que devem alcançar a perfeição para começar a ter uma vida de fé. Aprendi, porém, que Deus usa nossas imperfeições e disposição para compartilhar nossos erros a fim de alcançar o coração dos perdidos. À medida que eu palestro para as mulheres de todo o país, compartilho meus erros, minha falta de jeito e os momentos mais constrangedores. Enquanto compartilho, eu observo. Observo suas gargalhadas dar espaço para o alívio. Essas mulheres parecem dizer a si mesmas: *"Se Deus pode usá-la, certamente Ele também pode me usar!* Você está esperando alcançar a perfeição para servir a Deus? Está assustada de mostrar o seu verdadeiro eu por medo de que isso atrapalhe o seu ministério? Não tenha medo de começar bem onde está e de ser quem você é. Bem-aventuradas são as francas, pois serão usadas por Deus de uma forma poderosa! Mas como Deus pode usá-la, com suas fraquezas e tudo mais, para ministrar a outras pessoas?

2. Leia João 10:9 e Apocalipse 3:7-8.

Quando dei um passo em minha própria força e de acordo com meu próprio tempo, Deus não parecia abrir nenhuma porta. Lutei com as frustrações enquanto questionava meu chamado. Queria que tudo se resolvesse e queria que acontecesse de acordo com os meus propósitos. Mostrei a Deus minha agenda e esperava que Ele a atendesse. O que eu tinha deixado passar é que Ele *é* a porta. Não se tratava de eu conferir minhas listas de realizações, mas de eu me achegar a Ele. Quando me acheguei, Deus abriu uma porta que ninguém pode fechar. O tempo no qual eu pensava que Ele não estava agindo era, na verdade, o tempo em que Ele estava mudando o meu coração. À medida que eu guardava sua Palavra e proclamava seu nome, Deus estava me preparando para atravessar a porta. Eu não trocaria aquele tempo por nada enquanto sirvo agora no ministério. Ele usou aquele tempo para me capacitar para cumprir meu chamado, para me preparar para alcançar mulheres que precisavam ouvir a minha história. O que a ovelha encontra quando ela atravessa a porta de Jesus? Como isso a incentiva?

3. Leia Josué 24:14-15 e Salmos 68:6; 113:9.

Neste capítulo, disse que meu ministério começou bem entre as paredes da minha casa. Isso nunca foi tão claro para mim enquanto reflito no plano de Deus para a minha vida. Ele sabia exatamente quais pais, irmãs, marido e filhos me dar para me preparar especificamente para o meu chamado. Eu sei, sem sombra de dúvidas, que eu não seria a pessoa que sou sem essas pessoas como parte do meu alicerce. Eles contribuíram para o crescimento do meu caráter e desempenharam papéis principais nos meus dramas familiares. Agradeço a Deus pela influência deles em minha vida ao longo dos anos, tanto para o mal como para o bem. *Deus colocou você exatamente onde está de acordo com seus propósitos.* Agradeça-o por isso. Escreva um compromisso de não se prender em como algumas pessoas tem colocado você para baixo. Agradeça a Deus por usar as pessoas na sua família para ajudar a esculpi-la e moldá-la para o seu chamado.

CAPÍTULO QUATRO

AMAR A DEUS MAIS DO QUE OS MEUS SONHOS

Como somos parecidas com os filhos de Israel! O Antigo Testamento relata a história do povo hebreu e as lições que tiveram de aprender do jeito mais difícil. Eles tiveram de aprender de novo, de novo e de novo para deixar algumas coisas para trás.

Caminhar com Deus de fato vai levá-la a lugares espetaculares — mas nem sempre será onde você pensou que fosse, e a estrada nem sempre será fácil. Para prepará-la para os itens que você aprenderá, verá e viverá nesta jornada, quero explorar as ricas verdades bíblicas começando pela história de Abraão e continuar com a libertação dos filhos de Israel.

Como começamos com Abraão e um de seus primeiros diálogos com Deus, não devíamos ficar surpresas por Deus chamá-lo para deixar as coisas para trás. Gênesis 12:1-2 relata: "Saia da sua terra, do meio dos seus parentes e da casa de seu pai, e vá para a terra que eu lhe mostrarei. Farei de você um grande povo e o abençoarei. Tornarei famoso o seu nome, e você será uma bênção. O versículo 4 prossegue: "Partiu Abrão, como lhe ordenara o SENHOR".

Surpreendentemente, Abraão teve de se afastar de tudo o que era confortável — família, amigos e estilo de vida próspero — para obter a bênção do Senhor. E aposto que o entendimento dele de se tornar um grande povo e ser abençoado era bem menor do que a visão extraordinária de Deus.

Isso também é verdade para a nossa vida. Nossos pensamentos sobre como Deus quer nos usar são muitíssimos pequenos. É por isso que hesitamos em deixar para trás nossos velhos hábitos. Se pudéssemos experimentar as delícias que nos aguarda na Terra Prometida, deixaríamos tudo sem hesitação — mas Deus não trabalha dessa forma. Devemos escolher deixar *primeiro*. Devemos primeiro ver pela fé as recompensas futuras e só então ir em direção a elas. O que Deus pode estar dizendo para você deixar para trás? Cheque sua resposta com estas outras perguntas:

- Isso se alinha com as Escrituras?
- Isso me fará mais parecida com Cristo em meus pensamentos e ações?
- Tenho paz em meu coração em relação a este assunto quando oro?

Enquanto responde, sugiro que você gaste um tempo em oração pedindo a Deus para mostrar-lhe suas respostas. Lembre-se de procurar por suas confirmações ao longo do dia e de anotá-las. Essas confirmações serão inestimáveis à medida que você vai para a próxima fase que vem logo depois do deixar para trás — a fase que chamo de escassez... e o tópico dos nossos quatro próximos capítulos.

A ESCASSEZ NA TERRA

Enquanto encerramos os capítulos da fase de deixar para trás, quero rapidamente alertá-la das próximas fases, assim você verá como elas de desenrolam naturalmente, uma após a outra, à medida que Deus realiza os sonhos. Cada nova fase surge da anterior e é uma parte contínua da nossa vida de fé. Jamais chegaremos ao ponto final nesta vida. Sempre seremos peregrinos aqui, ansiando pelo nosso descanso final no céu. Até lá, porém, somos chamados para participar com Deus no cumprimento de um sonho da vida: o plano dele para nós.

Quando a fase de deixar para trás se encerra, uma outra se inicia: a fase da escassez.

Gênesis 12:10 relata: "Houve fome naquela terra, e Abrão desceu ao Egito para ali viver algum tempo, pois a fome era rigorosa". Abrão deve ter ficado de coração partido ao deixar tudo que era confortável e ir para a terra onde Deus prometeu cumprir seu sonho apenas para fazer as malas e se mudar devido à fome rigorosa.

Durante essa transição de decepção, suas raízes não só se expandem como também se aprofundam. Não tente adivinhar o que Deus está fazendo. Ao contrário, procure por meios de se aprofundar em sua Palavra, seu caráter e sua fidelidade nesse momento. Aprofundar as raízes não é fácil. Romper o solo raso da superfície e crescer para cima é bem mais simples, mas as raízes que assim crescem não fixam a árvore nem sustentam seu crescimento ao longo dos anos. Isaías 61:3 relata: "Eles serão chamados carvalhos de justiça, plantio do Senhor, para manifestação da sua glória."

Durante o período da escassez, teremos de cavar fundo, retirando nosso sustento da Palavra de Deus. Nenhum dos nossos heróis bíblicos escaparam da fase da escassez antes de serem usados por Deus de forma poderosa. Noé teve de partir para entrar na arca e depois suportar o dilúvio. Rute deixou os banquetes de Moabe para colher sobras de trigo da plantação de outra pessoa. Davi deixou as ovelhas dóceis para enfrentar o violento Golias. Os discípulos partiram com Jesus apenas para descobrir que Ele não ia ser um rei terreno, mas um Salvador crucificado. Abraão sentiu não só uma fome física, mas também uma fome pelo seu sonho.

DEUS É FIEL NA ESCASSEZ

Deus tinha prometido fazer de Abraão o pai de uma grande nação, ainda que sua esposa, Sara, fosse incapaz de conceber. Eles devem ter ficado inconsoláveis quando Deus plantou em seus corações o sonho incrível de uma família, apenas para ver os anos passarem sem nenhum filho para chamar de seu.

Então, Abraão achegou-se a Deus e compartilhou sua angústia. Você já se achegou a Deus e derramou seu coração a Ele? Lembre-se, essa jornada tem menos a ver com os lugares para os quais o Senhor algum dia irá levá-la e muito mais a ver com o relacionamento que Ele estabelece com você ao longo do caminho. Deus deseja que nos comuniquemos com Ele todos os dias por meio de cada pensamento, cada passo, cada vitória, cada derrota, cada dúvida e cada segurança.

Em Gênesis 15:5-6, Deus restabelece a visão de Abraão, garantindo que aquilo iria passar, e dá-lhe uma ilustração do quanto os sonhos que Ele tem para nós são grandes. Deus levou Abraão para fora e disse: "Olhe para o céu e conte as estrelas, se é que pode contá-las". E prosseguiu: "Assim será a sua descendência".

Uau! Que visão! Que destino! Que grande promessa! E o versículo 6 inclui, ainda, uma frase que faz meu coração acelerar: "Abrão creu no Senhor, e isso lhe foi creditado como justiça". Abraão tinha caminhado em obediência desde que Deus o chamou, mas nunca declarou que realmente acreditava no sonho de Deus para ele. É aqui, no entanto, que Abraão ganha crédito, não por fazer algo, mas por guardar bem fundo no coração que Deus era confiável porque ele sabia que o Senhor seria fiel.

CRER E VER

Após o período de deixar para trás e o da escassez, vem a fase na qual aprendemos a crer em Deus. Devemos observar suas belas confirmações e encontros divinos, pois eles estarão lá se ficarmos atentos para procurá-los. Jamais podemos nos permitir sermos distraídas pela escassez a ponto de perdermos essa maravilhosa nova fase de crer de verdade e permitir que essa crença se estabeleça nas profundezas do nosso coração. Esse tempo de crer é essencial, pois vai nos conduzir em outros tempos difíceis que virão. Ele vai nos motivar, confortar, lembrar e garantir que Deus é confiável a cada circunstância — até mesmo na fase da morte.

A MORTE DO SONHO

E então Abraão viveu a fase da morte logo após Deus finalmente abençoá-lo com seu filho tão esperado, Isaque. Provavelmente quando o menino estava prestes a se tornar um adolescente, Deus chamou Abraão para sacrificá-lo. O sonho estava prestes a ser totalmente realizado e agora a morte apareceu no horizonte. Gênesis 22:2 descreve: "Então disse Deus: 'Tome seu filho, seu único filho, Isaque, a quem você ama, e vá para a região de Moriá. Sacrifique-o ali como holocausto num dos montes que lhe indicarei'". Acredito totalmente que Deus tinha feito Abraão passar por esse teste chocante de obediência para ver o que vem primeiro, o sonho ou Deus. Em nosso caso, somos tentadas a dar respostas prontas e enfrentar essas perguntas desconfortáveis sem dar a elas a devida atenção que merecem, mas esse é um assunto sério para Deus. Rapidamente tomamos posse das nossas esperanças e sonhos, e jamais queremos abrir mão deles. Como uma criancinha mimada de dois anos de idade, gritamos: "É meu! Meu! Meu!". Deus jamais pode permitir que esse seja o clamor do nosso coração, que deve pulsar no mesmo ritmo do coração dele. A única maneira de fazer isso acontecer é sempre entregarmos nosso sonho para Ele, com as mãos abertas, e declarar prontamente: "É seu! Seu! Seu!".

O sonho de Abraão, de ser pai de uma grande nação, era, primeiro, o sonho de Deus. Ele também é o autor do seu sonho — não só o autor, mas também o consumador (Hebreus 12:2). Nosso trabalho não é entender tudo, manipular para trazer à existência, fazer os contatos, guardar com unhas e dentes e reivindicar com firmeza. Deus começou. Deus é fiel e mais do que capaz. Deus vai completar a obra.

O SENHOR PROVERÁ

Na manhã seguinte, Abraão levantou-se e preparou o seu jumento. Levou consigo dois de seus servos e Isaque, seu filho (Gênesis 22:3). Abraão não hesitou. Ele acreditava em Deus até mesmo perante a morte. Ele se levantou cedo e fez da ordem de Deus a prioridade do seu dia. Tenho certeza de que, embora seus pés caminhassem em obediência, seu coração doía por uma confirmação. Em algum lugar pela jornada até a montanha, creio que Deus deu-lhe a confirmação de que tinha tudo sob controle e que Abraão podia confiar totalmente nele. Enquanto levava Isaque para o altar, Abraão diz algo surpreendente aos servos que deixou para trás: "Eu e o rapaz *vamos* até lá. Depois de *adorarmos, voltaremos*" (Gênesis 22:5).

Como Abraão sabia que ambos voltariam? Era só um desejo? Ele só estava tentando proteger os servos da verdade terrível ou confiava que se Deus permitiu que o sonho morresse, Ele certamente também poderia ressuscitá-lo? Deus proveu um cordeiro como sacrifício para Abraão, e Ele também provê um para cada uma de nós.

> Então Abraão chamou o lugar de "O SENHOR proverá". Por isso até hoje se diz: "No monte do SENHOR se proverá". O anjo do SENHOR chamou Abraão pela segunda vez e disse: "Juro por mim mesmo, declara o SENHOR, que por ter feito o que fez, não me negando seu filho, o seu único filho, esteja certo de que o abençoarei e farei seus descendentes tão numerosos como as estrelas do céu e como a areia das praias do mar. Sua descendência conquistará as cidades dos que lhe forem inimigos, e, por meio dela, todos povos da terra serão abençoados, porque você me obedeceu" (Gênesis 22:14-18).

Só Deus pode nos dar tal sonho, e só Ele pode cumpri-lo.

RESSURREIÇÃO

A fase final, que estudaremos mais detalhadamente nos capítulos 17 a 20, é a ressurreição gloriosa. É o cumprimento daquilo que Deus prometeu e realizou. Nossa grande satisfação virá quando nos maravilharmos com o que Deus cumpre enquanto simplesmente caminhamos em fé.

Que apropriado para o sonho de Abraão de uma grande nação e para os nossos sonhos também! Por isso, até hoje se diz: "No monte do SENHOR se proverá" (Gênesis 22:14).

ESTUDO BÍBLICO PESSOAL

1. Leia Atos 7:1-8.

Esse é um relato do Novo Testamento sobre a história de Abraão. Esse sermão, pregado por Estevão bem antes de ser apedrejado, é o registro mais longo de Atos. Por que você acha que Estevão gastou tempo para recontar a história de Israel para seu público? Qual era seu objetivo em fazer o povo se lembrar dessas histórias do passado?

2. À medida que a igreja cristã cresce, Estevão faz os judeus se lembrarem de sua aliança com Deus. Ao lembrá-los da fé dos seus antepassados, ele também está trazendo à memória a resposta dos patriarcas ao chamado de Deus na vida deles. Qual foi essa resposta?

3. Agora, leia Gênesis 12:4-9.

Qual foi a resposta de Abrão a Deus? Escreva em seu caderno o versículo que melhor descreve a resposta de Abrão a Deus. Essa também é a sua resposta?

4. Se você está pronta, escreva uma oração a Deus reivindicando esse versículo como sua resposta a Ele. Registre a data em que você fez essa oração e esteja preparada para o que Deus fará em sua vida!

5. Leia Provérbios 18:24, João 15:13-15 e Tiago 2:23.

Deus anseia ouvir nossa oração. Ele deseja nos colocar em seu colo e ouvir sobre nosso dia, nosso pesar, nossa vitória.

Algo acontece durante esse processo de derramar nosso coração a Ele. Enquanto temos comunhão com o Senhor e dependemos dele, aproximamo-nos dele. Deus realmente se torna nosso amigo. Ele deseja ser o *primeiro* que buscamos quando nosso coração é ferido, aquele que procuramos em busca de sabedoria para um problema e aquele que torce por nós quando somos vitoriosas. Ele é nosso consolo e conselheiro, disponível 24 horas por dia, a apenas uma oração de distância. Podemos obter muita confiança ao implementar essa verdade em nossa vida de oração. Porque teve um relacionamento com Deus que era baseado na fé, Abraão foi chamado de amigo de Deus. Hoje temos a mesma oportunidade. De fato, que amigo temos em Jesus!

6. Leia Jeremias 31:31-33.

Certa vez, ouvi de uma professora de Escola Dominical que esse versículo era o número de telefone de Deus! Deus decretou uma nova aliança conosco pela salvação. É uma aliança eterna, imutável iniciada por Ele pelo seu grande amor por nós. Tudo o que o Senhor pede é a obediência da nossa parte. Não temos de ser valentes, espertas ou sagazes. Nem precisamos saber exatamente aonde estamos indo — apenas a quem estamos seguindo. Você vai dar um passo como Abraão fez — com um novo nome e um novo coração, um que deseja seguir a Deus a cada passo do caminho, deixando para trás o que era familiar, o conforto na busca do melhor de Deus para você? Escreva o que você sente que Deus está dizendo para deixar para trás e peça-lhe para ajudá-la a se afastar dessas coisas.

FASE DOIS

Escassez

CAPÍTULO CINCO

NOSSA ALMA FOI FEITA PARA A AVENTURA

Nós experimentamos a fase do deixar para trás e demos esse passo com Deus. Infelizmente, não somos imediatamente conduzidas para a terra de grandes promessas e sonhos realizados. Esse lugar novo é árido, estranho e inesperado. É onde começa a escassez, estéril e desconfortável. Nesse novo lugar de sacrifício e rendição, Deus vai retirá-la da sua zona de conforto e você aprenderá a depender dele como nunca antes.

Era um dia muito quente dentro e fora do vilarejo órfão na Libéria. Não tinha como escapar das altas temperaturas, mas pelo menos havia uma brisa. Os meninos jogando futebol no campo não pareciam se preocupar com o calor porque a empolgação constante do jogo mantinha-os bem distraídos. Os doze meninos lá dentro ensaiando o coral olhavam sempre para o campo de futebol, onde a promessa de diversão e torcida dos amigos atraíam-nos. Valeria a pena sacrificar o tempo livre para jogar bola só para participar do coral?

Eles estavam sentindo a dor de se render ao chamado, de sacrificar o tempo e sair da zona de conforto. A fome de diversão

55

os nocauteava forte? Sim, mas os doze meninos determinaram que o coral valia o sacrifício e se mantiveram fiéis à tarefa em questão. Outros meninos tinham ido e voltado do coral, decidindo satisfazer seus desejos imediatos pela diversão ao invés de permanecerem fiéis ao chamado. E era um chamado.

A Libéria tinha sido devastada por uma guerra civil que deixou mais de 25 mil órfãos para serem cuidados. Um dos homens a ser chamado para essa tarefa assustadora foi o pastor Kofi. Para levantar fundos e apoio para as centenas de órfãos que estavam aos seus cuidados, o filho mais velho do pastor Kofi tinha formado um coral à capela de meninos. Esse coral tinha de viajar pelo país e se apresentar em igrejas para pedir apoio. O pastor Kofi ou os meninos que se inscreveram para o coral não sabiam que a visão deles era muito pequena. Deus tinha um plano que aqueles meninos jamais poderiam imaginar.

UM PASSO DE FÉ

Uma mulher da embaixada americana assistiu a um dos concertos do coral liberiano. Seu coração foi tocado, e ela estava determinada a ajudar os meninos a obter a papelada necessária para irem aos EUA. Por causa da determinação persistente dessa mulher e da intervenção divina, os meninos viajaram para os EUA para uma turnê.

Lá, Deus continuou a operar milagres. Ele trouxe um empresário para administrar o coral e agendar os concertos. Logo, eles estavam agendados para cantar em mais de 130 igrejas por todo o sudeste do país. Através dos concertos, os meninos eram capazes de conscientizar e ter um suporte de orações para sua terra natal, bem como dinheiro suficiente para alimentar e cuidar das muitas crianças nos orfanatos durante o ano todo.

Os meninos no coral tinham feito grandes sacrifícios, abrindo mão da hora favorita do dia — jogar bola — para praticar aulas de canto. A única promessa que eles tinham era que teriam a chance de sair em turnê pela terra natal da Libéria para incentivar as pessoas nas igrejas. Mas — uau! — como Deus abençoou o sacrifício daqueles meninos! Mal sabiam eles que dar um passo de fé para honrar o Senhor resultaria na realização de seus maiores sonhos.

SONHOS QUE SE REALIZAM

Coisas espetaculares aconteceram para cada um dos meninos do coral. Um deles se chamava Seebo. Quando o vi cantar pela primeira vez, fiquei impressionada que ele não parecia estar cantando para a multidão à sua frente. Sua cabeça estava inclinada, e seus olhos, focados para o único "Pai" que Seebo já havia conhecido: seu Pai celestial. Sua grande voz ecoando de seu corpinho derramava cânticos de alegria, esperança, paz e amor. Embora as circunstâncias de sua vida tinham sido privadas daquilo que traz alegria, esperança, paz e amor para a maioria das crianças, essas qualidades eram evidentes em sua vida porque Deus reinava ricamente em seu coração.

A alegria de Seebo não era uma felicidade passageira que surge em dias ensolarados e rapidamente desaparece. Sua esperança não era baseada em um futuro brilhante. Ela estava enraizada somente em Jesus. Seu coração era cheio de paz e amor, ainda que Seebo não tivesse uma cama quentinha em um lar aconchegante, com pais que o colocariam para dormir com uma oração e um beijo todas as noites. Ele não tinha um lar ou pais para chamar de seus, mas sabia que Deus era seu Pai e que ele tinha um lar no céu. Ele também sabia que Deus responde às orações de seus filhos, então ele orava para que Deus desse um jeito de ele encontrar um pai e uma mãe.

Enquanto isso, David e Debbie estavam tendo uma vida ótima. David tinha acabado de ser promovido a diretor executivo da grande empresa Fortune 500. Debbie era diretora do ministério de mulheres em uma das igrejas que mais crescia na cidade. Eles tinham acabado de enviar o segundo filho para a universidade e chegou o tempo de fazerem aquelas coisas que tanto aguardavam. Os dois tinham planos de viajar mais e decorar a casa, e Debbie ia voltar para a faculdade para obter um diploma em aconselhamento. Ambos eram palestrantes e professores talentosos, e consideravam usar esses dons juntos em algum tipo de ministério.

No entanto, tudo isso foi interrompido quando Deus trouxe Seebo e seu amigo para a vida de David e Debbie por meio da turnê. Imediatamente, David e Debbie se apaixonaram por aqueles dois meninos e, em oração, decidiram adotá-los. Mesmo após os meninos se adaptarem à nova vida, David e Debbie continuavam os ouvindo falar sobre seus irmãos, irmãs e um amigo especial que ainda estava no orfanato. Rapidamente, esse casal de ninho vazio tornou-se os pais orgulhosos de oito filhos, dois biológicos e seis adotados da Libéria.

FÉ EM MEIO A ESCASSEZ

O pequeno Seebo tinha sido uma criança esquecida em um país de terceiro mundo, destruído pela guerra. Ele, porém, era um menino que orava, permanecia firme em sua fé e era obediente para atravessar cada porta aberta diante dele, de modo que o órfão tornou-se filho de um dos empresários mais influentes e poderosos dos EUA. Servimos um Deus grande com grandes planos ou *o que*? Descanse tranquila, minha amiga. O mesmo Deus extraordinário que agiu na vida de Seebo está procurando por gente fiel a quem Ele possa revelar seus propósitos e caminhos extraordinários.

A história de Seebo deixa um desafio para todos nós. Quanto mais cremos nas verdades que Deus nos chama para crer, mais vamos nos arriscar com Deus. Podemos passar pela dor da escassez e achar descanso em saber que Deus tem um bom plano mesmo em nosso desconforto. Ainda assim, muitas de nós nos sentamos na poeira da escassez e clamamos por conforto e segurança. Podemos até voltar para as poças de lama que deixamos para trás. O tempo todo, estão à nossa frente as águas correntes puras que nossa alma foi feita para mergulhar. Um lugar fresco de completa confiança em Deus, grande fé e sonhos que se realizam estão lá. E algo em nosso interior nos chama para mergulhar nessas águas profundas e viver as riquezas delas. Algo em nós quer acreditar que Deus poderia ter grandes coisas reservadas também para nós.

Agora, lembre-se por um minuto do dia aparentemente comum quando Seebo decidiu desistir do futebol para se unir ao coral. Você acha que ele tinha alguma ideia de que essa decisão de obediência e sacrifício iria, um dia, fazer seus grandes sonhos se tornarem realidade? Ele poderia imaginar que isso também afetaria profundamente o futuro de muitas outras crianças? Infelizmente, penso na grande quantidade de cristãos que decidiram que ficariam mais confortáveis e se divertir do que encarar a aventura para a qual nossa alma foi feita: viver uma vida que exige fé.

UMA VIDA QUE EXIGE FÉ

A vida que exige pouca fé não é uma vida que Deus vai usar. Quando estamos dispostas a embarcar numa vida que *exige* fé, ficamos mais cientes do Senhor e de sua capacidade de prover para nós em cada detalhe de nossa vida. Não vamos esperar que tudo esteja em ordem para, então, decidir: "Ok, agora tenho tempo para viver pela fé". Jamais teremos tudo em ordem, e a fé não pode ser entregue como uma lata de refrigerante de uma máquina. A fé é adquira pela vida. Por meio dos eventos diários confusos e imprevisíveis do dia a dia que sempre nos sacode, ficamos cientes da nossa carência desesperadora de Deus. Fé é determinar que uma vez que deixamos as poças de lama do passado, não iremos olhar para trás, não importa o quanto a escassez seja dura. Iremos focar aquilo que está à nossa frente e encontrar a alegria em saber que Deus sempre se manifesta.

Gostaria de propor um jogo bem simples. Sem olhar, você pode dar o nome dos animais que aparecem nas notas de dois, cinco e dez reais? Recentemente, lancei essa pergunta para mais de mil pessoas no culto. Então, pedi para que erguesse a mão quem pudesse me dizer, sem sombra de dúvidas, as três respostas. A multidão olhou em volta para ver apenas três pessoas daqueles milhares erguer a mão. Bizarro, não? Essas notas passam por nossas mãos diariamente e, mesmo assim, vivemos nossa vida de forma tão alheia. A propósito, você sabe que animais são esses? Tartaruga, garça e arara, respectivamente.

A questão é que não devemos prestar mais atenção no dinheiro. Devemos chegar ao lugar onde prestamos mais atenção no agir de Deus em nosso dia a dia. Se vivemos a vida alheia das pequenas coisas que o Senhor faz, é bem provável que estejamos vivendo alheias à sua presença também nas grandes coisas. É essencialmente importante para nós render nosso coração a Deus e pedir a Ele todos os dias para nos revelar seus planos e perspectivas, assim não vamos deixar passar seu agir e seus planos gloriosos para nosso futuro.

Procure pelo agir de Deus ao seu redor todos os dias. Sua mentalidade vai mudar, sua fé será renovada e você vai começar a caminhar rumo aos lugares fantásticos que Deus está ansioso para levá-la.

ESTUDO BÍBLICO PESSOAL

1. Leia Salmos 15 e 24:3-6.

Você está pronta para subir o monte do Senhor para se achegar a Ele? Esses dois salmos revelam algumas das qualidades de caráter que Deus busca em seu povo. Embora essas qualidades não sejam possíveis em nossa natureza carnal, com Deus podemos nos empenhar em sermos justas porque Ele age dentro de nós. Em seu caderno, anote áreas específicas que você gostaria de aperfeiçoar ao longo deste estudo. Talvez você tenha uma amiga ou alguém no seu grupo que poderia pedir para você ser a responsável. Antes de tudo, lembre-se de que essa lista está aqui para inspirá-la, e não para oprimi-la ou condená-la.

2. Leia 1Samuel 16:7.

Deus olha, acima de tudo, para o seu coração. Como somos rápidas em nos condenar e pensar que nunca estamos à altura! Saiba que Deus vê você tentando. Ele sabe quando você está fazendo o melhor que pode. Ele viu aqueles jovens homens na África fazerem as escolhas que fizeram e Ele honrou e abençoou suas escolhas. Claro, todas nós podemos aperfeiçoar nosso caráter e nossas ações enquanto nos empenhamos em ficarmos cada vez mais parecidas com Cristo. Mas também devemos dar tempo a Ele para que nos aperfeiçoe de dentro para fora, moldando e esculpindo nosso coração de acordo com seu projeto. Quais são as questões do coração para as quais você precisa pedir ajuda a Deus para aperfeiçoar? Você guarda mágoas de alguém? Um pecado secreto está lhe assombrando? Você está amargurado com alguém que não corresponde suas expectativas? Derrame seu coração ao Senhor no seu caderno. Peça-lhe para revelar a verdade, para limpar seu coração, e ore por sabedoria e coragem para fazer o que Ele ordena que você faça.

3. Leia 2Crônicas 1:11, Salmos 119:72, Jeremias 15:16 e Romanos 10:1.

Qual é o deleite do seu coração? São a sabedoria e o entendimento de Deus? Você se deleita em sua Palavra?

4. Mateus 6:21 diz: "Pois onde estiver o seu tesouro, aí também estará o seu coração". Meu pastor sempre faz a gente se lembrar de que é fácil dizer onde está o coração de alguém — apenas dê uma olhada na fatura do cartão de crédito e na agenda. Para onde vai o seu dinheiro? Onde você gasta seu tempo? Deus anseia ser o deleite do seu coração. Declara Salmos 37:4: "Deleite-se no SENHOR, e ele atenderá aos desejos do seu coração". Seja determinada em se deleitar em Deus e confie que Ele aperfeiçoará o resto.

CAPÍTULO SEIS

O CONVITE EXTRAORDINÁRIO DE DEUS

Talvez você tenha lido o capítulo anterior e pensado: *"Bem, é uma história interessante, mas o que ela tem a ver comigo?"*

Bem, deixe-me contar o resto da história.

Dois dos adolescentes do coral, Jackson e Mark, ficaram órfãos enquanto ainda eram bebês quando seus pais e a maioria dos irmãos foram mortos por forças rebeldes. Aqueles bebês, junto de muitos outros, foram trazidos para o orfanato e ensinados a orar, a ter fé diante da extrema adversidade e a manter a alegria de Deus ativa no coração, apesar dos tempos de escassez e dos ataques mortais pelos rebeldes.

Noite após noite, esses meninos se ajoelhavam ao lado de suas camas improvisadas e derramavam orações de ação de graças e esperança de que um dia eles ouviram estas sete palavras simples, porém transformadoras de vida: "Você é meu filho. Seja bem-vindo". Embora nem sempre pudessem ver a mão de Deus agindo, eles confiavam no coração do Senhor e se alegravam nas bênçãos mais simples de cada dia.

Deus tinha o plano perfeito para as orações dos meninos e operou milagre após milagre para trazê-los para os EUA. Aos poucos, percebi que Art e eu éramos parte da resposta das orações daqueles meninos. Nossa vida era ocupada e cheia de atividades, e estávamos curtindo ser pais de três meninas. Então, você consegue imaginar minha surpresa na noite em que fui ao concerto do coral dos meninos em nossa igreja, só para ter a vida da nossa família mudada para sempre.

TOCADA E ASSUSTADA

Lembro-me de quando fui ao concerto naquela noite que, do nada, Deus sussurrou no meu ouvido que dois daqueles meninos que estavam cantando na frente da igreja seriam meus. *Certo*, pensei. *Com certeza.*

Tive vontade de tapar meus ouvidos com os dedos e cantar *La, la, la, la, la... não estou te ouvindo, Deus!* Meu cantarolar, no entanto, não deteve o Senhor, e aquela confirmação parecia crescer mais forte. Decidi tentar outra tática com Ele. *Senhor, eu apenas vim aqui nesta noite para trazer minhas filhas a um evento cultural simples e pequeno. Não estou buscando por uma grande mudança de vida. Minha vida já é bem cheia com palestras, redações e o ensino domiciliar de três meninas. Não temos MENINOS em nossa casa. Nós "vivemos em tons de cor-de-rosa" e meu marido concorda com isso. Além disso, todas as minhas amigas pensariam que fiquei louca e meu marido jamais cogitaria que isso é uma boa ideia.*

Deus, porém, não ficou desanimado com minha resposta. Na verdade, seu toque em meu coração ficou mais e mais forte enquanto a noite caía. Depois do concerto, perguntei a um dos diretores quais dos meninos ainda precisavam de lares — apenas para que eu pudesse orar por eles. Ele me disse que oito dos doze meninos ainda precisavam encontrar famílias para adotá-los e me incentivou a atravessar a recepção onde os meninos estavam agradecendo as pessoas. Se Deus pretendia que alguns deles fossem nossos, Ele tinha certeza de que eu saberia quais seriam.

Relutando um pouco, fui para a recepção e, numa questão de segundos, dois meninos, Jackson e Mark, vieram até mim, me abraçaram e me chamaram de *mamãe*. Fiquei tocada e assustada ao mesmo tempo.

Como eu poderia chamar o Art e jogar essa bomba no colo dele? Eu nem sequer consideraria trazer para casa um novo *animal de estimação* sem conversar *muito* com ele; como, então, eu explicaria que dois meninos vindos do outro lado do mundo estavam me chamado de *mamãe*?

Fomos a última família a sair do concerto. Minhas filhas e eu demos um abraço de adeus e peguei meu caminho para casa. Peguei meu celular e, com as mãos tremendo, liguei para o Art.

COMO? POR QUÊ?

Durante várias semanas, clamamos a Deus desesperados por sua direção e sabedoria. Conversamos com nossos pais e amigos, e a maioria disse que achava que estávamos bem mais que loucos. Consideramos todos os aspectos e lutamos profundamente contra essa decisão em nossos espíritos. As perguntas de Art eram mais centradas nos aspectos do *como*. Como poderíamos aumentar financeiramente o tamanho da nossa família? Como encontraríamos tempo em nossa agenda já apertada? Como iríamos educar os meninos? Como poderíamos proteger nossas filhas? Como encontraríamos espaço em nossa casa? E a lista continuava com uma série de outros "comos".

Minhas perguntas mais profundas estavam centradas mais no porquê. *Por que nós?* Eu nem tenho certeza de que me viro bem com essa coisa de maternidade com três crianças, quem dirá cinco! Eu quero ser uma grande mãe, mas às vezes fico cansada, frustrada, brava e fora de controle. *Deus, não devias ter chamado alguém mais parecido com o coração de mãe que sempre cabe mais um e que consegue lidar com uma penca de filhos com um sorriso no rosto? Além disso, também tem toda a questão da perfeição. Gosto da minha casa limpa, arrumada e silenciosa. Isso tem sido manejado com três meninas, mas meninos são barulhentos e bagunceiros, principalmente os adolescentes. E por último, estou ocupada. Senhor, me abençoaste com um ministério que cresceu além da minha imaginação. Eu viajo para palestrar e não sinto que estás me chamando para desistir. Mas não é humanamente possível somar dois filhos e continuar com meu chamado, não é? Por que eu, Senhor? Por que eu?*

ENVIADA DO CÉU

Certo dia, liguei para minha querida amiga Sheila e lhe fiz essa pergunta. Derramei meu coração. Descarreguei todas as minhas dúvidas e perguntas. Ela pacientemente ouviu sem muita reação. *Por que eu, Sheila? Por que eu?* Então, silenciosamente e em oração, ela respondeu: "Porque Deus sabia que você diria 'sim', Lysa".

Fiquei atordoada. Foi o maior elogio que já recebi. Meu coração se encheu de alegria enquanto subitamente as lembranças enchiam minha mente dos anos de treinamento espiritual que Deus tinha me levado para me colocar no lugar onde eu podia ser chamada de a mulher que diz "sim" para Deus.

Houve outras confirmações para mim e para Art. Uma pessoa veio até nós quando estávamos voando juntos para palestrar em uma conferência de casamento. Estávamos tendo nossas discussões de "Estamos loucos?" quando uma mulher da fileira de trás aproximou-se do nosso assento e se inclinou para conversar conosco. Ela nos contou que Deus a estava incitando por mais de uma hora para dizer algo para nós, mas ela estava nervosa em interromper nossa conversa. Sorrimos e garantimos que iríamos ouvir o que ela tinha a dizer. Ela continuou a contar que ela e seu esposo tinham três filhas quando Deus os chamou para adotarem algumas crianças estrangeiras, e Ele queria que soubéssemos que tudo ficaria bem. Enquanto se virava para sair, ela me deu seu cartão de visitas que tinha as palavras impressas: "Enviada do céu".

O *GRAND FINALE* DE DEUS

Quando voltamos para casa daquela viagem, perguntamos ao diretor dos meninos se podíamos agendar um dos seus concertos finais em nossa igreja local. Várias amigas minhas acharam que estávamos loucos, então pensei que elas podiam entender melhor se ouvissem o que ouvi naquela primeira noite quando aqueles meninos preciosos cantaram sobre a alegria do Senhor. Também pensei que a visita podia ajudar a dar aos meninos uma transição mais fácil para nossa igreja — mas Deus tinha em mente um projeto maior.

A noite foi mágica. Era um dos últimos concertos da turnê. Os meninos cantaram em mais de 130 igrejas e levantaram fundos suficiente para alimentar todos os amigos de volta para casa no orfanato na Libéria por um ano. A missão tinha sido um grande sucesso, mas seis dos meninos ainda precisavam de um lar. Eles precisavam de um milagre. E era exatamente um milagre que Deus tinha planejado para aquela noite. Aquelas amigas que achavam que estávamos muito loucos agora eram, com seus maridos, pais orgulhosos de meninos liberianos. As pessoas formaram fila no final no programa para conhecer os meninos e tivemos mais famílias dispostas a adotar do que meninos disponíveis. Naquela noite, todos os meninos encontraram pais, e enquanto escrevo este livro, mais de 22 crianças (entre irmãos e amigos deles) do orfanato liberiano estão sendo adotados pelas famílias de nossa igreja.

Davi e Debbie Alexander, mencionados no capítulo anterior, tiveram sérias dúvidas quando lhes contamos primeiro da nossa decisão em adotar. Eles acharam que o que estávamos fazendo era louvável, mas trazer meninos adolescentes para uma família só de meninas? Sim, eles pensaram que erámos loucos. Mas Debbie foi para o concerto naquela noite e então entendeu. Recentemente, ela escreveu para me agradecer por ser louca, pois isso a levou a ter *seis* novas bênçãos!

APENAS DIGA "SIM"

Agora, lembre-se de mim sentada naquele banco de igreja, apenas tocando minha vida comum quando o convite extraordinário de Deus ardeu em meu coração. Eu podia facilmente ter saído daquela igreja e ignorado o toque de Deus — já fiz isso mais vezes do que gostaria de admitir —, mas olhe tudo o que teríamos perdido se eu tivesse feito isso. A foto atual ao lado resume tudo.

Meu envolvimento com o projeto perfeito de Deus começou com uma simples resposta: *Sim. Sim, Deus, vou aceitar o que tens para mim. Embora seja difícil e nem sequer pareça fazer sentido, vou aceitar como teu projeto perfeito porque os teus caminhos são maiores que os meus!*

Deus realmente abençoou nossa obediência. Da esquerda para a direita: Jackson, Hope, Lysa (com Champ!), Art, Brooke, Ashley e Mark.

Na noite passada, tivemos o privilégio de colocar cinco bênção de Deus para dormir na cama. Jackson e Mark fizeram suas orações e nossos olhos se encheram de lágrimas quando eles agradeceram a Deus por atender a oração de todos aqueles anos e ajudá-los a encontrar um lar. Nós todos sentimos o abraço maravilhoso do Senhor quando unimos nossa família de uma maneira que só Ele podia fazer.

Que visão para nossa alma órfã! É o que todos nós éramos até muitos séculos atrás o choro de um recém-nascido proclamar que nosso Rei, nosso Salvador, nosso Senhor dos senhores, nosso Príncipe da paz, Jesus Cristo, tinha nascido. Então, Ele viveu, amou e se sujeitou à morte na cruz. Três dias depois, a morte foi derrotada quando Jesus ressuscitou dos mortos e tornou-se o caminho para nosso coração ansioso ouvir aquelas sete palavras simples, porém transformadoras de vida: "Você é meu filho, seja bem-vindo". É o que Deus diz para todos que confiam nele e aceitam Jesus Cristo como Senhor de sua vida. Deixe-me lembrá-la de que sua jornada espiritual não termina no minuto em que você se torna um cristão — é onde tudo realmente começa! Ser uma seguidora de Cristo é um processo contínuo de aprendizado, crescimento, expansão e confiança. A cada dia podemos ver e ouvir o convite de Deus para se juntar a Ele em sua linda obra. Nunca foi parte do meu plano ter mais filhos, mas louvado seja Deus, pois era parte do plano dele.

BUSQUE A ALEGRIA

Foi fácil? Não. Eu deixei minha zona de conforto e entrei numa fase de escassez onde fui forçada a depender de Deus como nunca antes. Tem dias em que sinto como se estivesse arrancando os cabelos e desejasse ter menos roupa para lavar, menos bagunça, menos dívidas da padaria e mais tempo para "mim"? Sim. Mas esta vida não se resume a mim. Se resume em segurar as mãos de Jesus para cumprir quaisquer tarefas que Ele coloque na minha frente e compartilhar seu amor com todos que Ele coloca em meu caminho. Não perca o foco — embora a fase da escassez seja difícil, ela não precisa ser privada de alegria. Busque a alegria. Ela está lá. Orações atendidas, tesouros de sabedoria e a paz da provisão divina estão esperando por você nessa fase. Depender de Deus traz uma alegria que eu jamais teria conhecido de outra maneira.

Por exemplo, nossas três filhas cresceram mais espiritualmente ano passado do que eu pudesse imaginar. Elas não estão apenas lendo sobre amar os outros, elas estão vivendo o amor. Elas se adaptaram maravilhosamente. E meu ministério? Adotar os meninos afastou-me um pouquinho dele, mas Deus fez o ministério crescer neste ano mais do que nunca. Se eu não tivesse adotado os meninos, podia ter trabalhado horas a fio tentando fazer as coisas acontecerem, mas podia nunca ter cumprido o que veio das mãos do Senhor.

Estou convencida de que as guinadas vêm durante a fase da escassez, e não quando estamos nos esforçando para fazer as coisas acontecerem. As guinadas acontecem quando levamos a sério o procedimento de honrar a Deus a cada momento, passo a passo, dia a dia, em tudo o que fizermos e, o mais importante, com os pensamentos que temos enquanto fazemos tais coisas. As pessoas que não dizem "sim" para o Senhor ainda podem ter uma vida boa, mas somente aqueles que abraçam totalmente Deus podem vivenciar a maravilha e admiração de um coração que diz "sim" e que vive a ótima vida que Ele pretende.

O que Deus está lhe chamando para fazer do jeito dele hoje? Talvez você nunca seja chamada para adotar crianças de uma terra estrangeira, mas Deus está lhe chamando, conquistando, buscando, convidando você para algo mais valioso com Ele. Que o seu comum seja invadido pelo convite extraordinário do Senhor para passar à fase da escassez e viver a vida da maneira dele!

ESTUDO BÍBLICO PESSOAL

1. Leia Salmos 37:5 e Provérbios 16:3.

> Deus está lhe chamado para algo grande — grande mesmo? É maior do que você jamais podia cumprir sozinha? Anote em seu caderno o que está tocando seu coração.

2. É hora de entregar ao Senhor tudo o que Ele está colocando em seu coração. Coloque seus fardos, ansiedades, medos e dúvidas nele e deixe Deus cuidar dos detalhes. Ele é seu Pai e quer ajudá-la a resolver. Escreva uma oração, colocando seus fardos no Pai e pedindo a ajuda dele.

3. Leia Mateus 6:25-27 e 1Pedro 5:7.

Quando você está embarcando numa aventura com Deus, é fácil ser bombardeada com os "e se" da tarefa em mãos. Sei que Art e eu lidamos com essas questões quando estávamos considerando a adoção. Tínhamos nossos próprios medos, nossos amigos e família bem-intencionados expressavam suas dúvidas, e Satanás acrescentava seus sussurros insistentes. Em vez de olhar para as impossibilidades da adoção, finalmente decidimos avançar em fé de acordo com o que sabíamos que Deus estava dizendo para fazermos. Quando a dúvida começa a se enraizar, dependemos do Senhor para resolver o desconhecido. Voltamos à sala do trono várias vezes para lançar nossas preocupações sobre Ele. Sabíamos que servimos um Deus grande que podia lidar com tudo o que tínhamos para lançar sobre Ele. Ele pegou tudo e, enquanto eu compartilhava, resolveu todos os detalhes. Ele lançou fora todo o medo. Anote uma situação que mostra como Deus já começou a lançar fora seus medos a fim de que você não desanime nele enquanto aguarda as confirmações.

4. Leia Jeremias 6:16 e Marcos 10:21-22.

Quando Deus chama, nem todos dizem "sim". Essas duas passagens nos dão um vislumbre daqueles que decidiram não viver uma grande aventura com Deus. O que você acha que os fez parar?

5. Para mim, teria sido bem fácil me levantar na noite do concerto, sair da igreja e fingir que nunca tinha ouvido Deus falar comigo. Da mesma forma, todos aqueles meninos liberianos ainda estariam na Libéria se não tivessem aceitado o convite de Deus para se unir a Ele nessa obra. Quantos de nós temos encontros espirituais com o Deus do universo, mas os ignoramos por que somos paralisadas pelo medo do desconhecido? O que está paralisando ou paralisou você no passado?

Deus tem o futuro em suas mãos. Passe tempo em oração perguntando a Ele qual é o seu próximo passo (e não o plano todo). Você pode querer escrever sua oração no caderno. Provérbios 23:18 relata: "Se agir assim, certamente haverá bom futuro para você, e a sua esperança não falhará".

CAPÍTULO SETE

DEUS É POR VOCÊ

Quando Art e eu ainda estávamos em dúvida sobre adotar ou não Mark e Jackson, continuamos a buscar confirmações de Deus. Muitas confirmações vieram e, então, decidimos prosseguir com as adoções sem dúvida alguma. Confiamos que Deus era conosco e que Ele resolveria tudo. Uma coisa, no entanto, continuou me importunando: Como eu iria encaixar mais duas vidas na minha agenda já ocupada? Desisto de estar no ministério? Desisto do ensino domiciliar? Desisto de escrever?

Eu estava bem no meio da fase da escassez e, embora soubesse que o propósito era aprender a depender de Deus como nunca antes, era difícil. Quanto mais eu orava e refletia tentando fazer tudo se encaixar, mais eu continuava dizendo: "Não tem jeito... Simplesmente não tem jeito". Eu não me sentia impelida a desistir de nada em minha vida corrida, o que não fazia sentido. Eu tinha de desistir de *algo*. Então, continuei a orar e esperar pela resposta de Deus. Eu iria parar de tentar entender tudo e simplesmente esperar no Senhor.

JESUS É O CAMINHO

Algumas semanas depois, eu peguei um voo para a Califórnia para palestrar em um retiro de mulheres. Eu orava de vez em quando durante o voo de quatro horas e o percurso de carro de duas horas para o centro do retiro. Continuei procurando por algum tipo de confirmação de Deus de que Ele estava ouvindo minhas orações e que sabia do meu conflito. Quando cheguei ao centro do retiro sem aquela confirmação, fiquei decepcionada. Eu ministraria para senhoras. Chegou a minha hora de dar, e não de receber... foi assim que pensei.

Fui para o balcão de inscrição para fazer o *check-in* e a mulher atrás do guichê me entregou um crachá. Todas as mulheres receberam um crachá com seus nomes inscritos junto de um nome bíblico. Quando olhei para o meu, fiquei chocada. O nome bíblico que recebi foi "O Caminho". Por dias eu estive dizendo a Deus que não tinha jeito, que não havia um caminho, e agora Ele me fazia lembrar de que sempre há um caminho, um jeito, com Ele.

Em João 14:5, Tomé pergunta: "Senhor, não sabemos para onde vais; como então podemos saber o caminho?". Que pergunta! Assim como eu, você pode ter perguntado isso várias vezes, principalmente durante a fase da escassez. Você saiu da sua zona de conforto e sente-se indecisa. E agora? No versículo seguinte, Jesus diz claramente: "Eu sou o caminho, a verdade e a vida. Ninguém vem ao Pai, a não ser por mim".

Tomé apenas tinha perguntado a Jesus o caminho para o céu, mas numa lógica bem mais espiritual, ele estava perguntando o caminho da confirmação. A resposta de Jesus foi o suficiente para Tomé e também é para nós. Jesus é o Caminho, nossa trajetória certa na vida, nosso caminho sem escassez. Ele é a verdade — as promessas de Deus que se realizaram — e Ele é a vida — o único jeito de viver com propósito agora e o único jeito de receber a vida eterna.

ODRES NOVOS

Devemos expandir nossa visão. Em nosso próprio crescimento, buscar nosso sonho pode ser impossível, mas com Deus há um jeito! Devemos começar a pensar em um novo jeito — o jeito dele. Em Mateus 9:17, Jesus diz: "Nem se põe vinho novo em vasilhas de couro velhas; se o fizer, as vasilhas se rebentarão, o vinho se derramará e as vasilhas se estragarão. Pelo contrário, põe-se vinho novo em vasilhas de couro novas; e ambos se conservam".

Nos tempos bíblicos, o vinho não era armazenado em garrafas como nos dias atuais. Eles eram colocados em odres feitos de couro que tinham sido secos, curtidos e moldados para guardar a bebida. Joel Osteen faz a seguinte observação:

Quando os odres eram novos, eram macios e flexíveis, mas quando envelheciam, geralmente perdiam a elasticidade, não serviam mais. Eles se tornariam endurecidos e rígidos e não conseguiriam mais se expandir. Se uma pessoa colocasse vinho novo em odre velho, a bolsa estouraria e o vinho seria perdido [...] A lição ainda é relevante hoje. Somos rígidos em nosso jeito, amarrados em nossas perspectivas e presos em nossa mentalidade. Deus está tentando fazer algo novo, mas a menos que estejamos dispostos a mudar, a menos que estejamos dispostos a expandir e aumentar nossa visão, perderemos as oportunidades do Senhor para nós.[1]

---

[1]Joel Osteen, *Your Best Life Now* (New York: Warner Faith, 2004), p. 6.

Podemos viver com uma visão limitada, convencidas de que não há outro caminho e vencida pela incerteza no período de escassez, ou podemos segurar na mão de Deus e proclamar com confiança que Ele é o caminho. Gostaria de poder impressioná-la com minhas habilidades de grande organização que permitem que minha vida flua perfeitamente, mas não consigo. Planejo e delego, mas diariamente dependo do Senhor para preencher meus vazios. Fico maravilhada que Deus dê tão livremente sua ajuda quando peço por ela. Todas nós precisamos de ajuda para atravessar nossos tempos de escassez, então peça para Ele ajudá-la.

Deus sempre me faz lembrar de detalhes que esqueci. Ele envia pessoas que estão disponíveis para me ajudar. Ele vai à minha frente e organiza caronas e agendas de uma maneira que me deixa em choque. Quando me sento para planejar minhas semanas com meu marido, sempre fico espantada como cada uma delas se desenrola, mas eu não deveria, porque Deus é realmente o caminho.

O Senhor deseja que você tenha sucesso em seus planos. Acredita mesmo nisso? Mudou sua mentalidade o suficiente para confiar que isso é verdade? Você não pode sair nessa grande aventura com Deus e continuar com sua velha mentalidade. Na última seção, aprendemos a deixar tudo para trás. Como o vinho, você deve ter um novo odre, ou seja, um novo padrão de mentalidade para este novo estilo de vida. Lembre-se: o propósito da fase de escassez é ensinar você a depender do Senhor como nunca antes.

Art e eu não éramos os únicos que tinham de fazer ajustes. Nossos meninos também tinham. Para adentrar nessa nova vida que Deus lhes ofereceu, eles tiveram de deixar para trás na Libéria tudo o que era familiar. E quando o fizeram, eles não entraram imediatamente na Terra Prometida. Eles progrediram a cada fase de fé quando se uniram à nossa família. Na fase de escassez deles, os meninos perceberam que a vida nos EUA não é tão descontraída e tranquila como na África, principalmente na escola. Eles têm muito em que se atualizar.

MOVENDO OS MONTES

Jackson tem sido sempre um aprendiz ávido, então a transição não foi tão difícil para ele. Contudo, Mark logo esquecia as coisas aprendidas na escola. Às vezes, a educação parecia para ele como um monte enorme e pesado que seria removido apenas com a mão milagrosa de Deus. Ele até ora a Deus para operar um milagre e enfiar o conhecimento que ele precisa dentro do seu cérebro.

Embora ele seja uma criança brilhante, a leitura, a redação e a matemática são muito desafiadoras de vez em quando.

Sou a professora primária de Mark e devo admitir que também tenho orado a Deus para mover esse monte de conhecimento diretamente para o cérebro dele! A Bíblia relata em Mateus 17:20: "Eu lhes asseguro que se vocês tiverem fé do tamanho de um grão de mostarda, poderão dizer a este monte: 'Vá daqui para lá', e ele irá. Nada lhes será impossível". Alguns leem esse versículo e ficam frustrados porque ainda que tenham fé, o monte não parece se mover. Assim era o caso com Mark. Embora ele estivesse acreditando e tentando, o monte parecia continuar parado.

Então Mark decidiu dar a volta no monte. Da próxima vez que lhe apliquei uma prova de matemática, ele pontuou 100% com empolgação — mas sua resposta ao último problema incluía uma nota do livro de respostas da professora. Como meu coração ficou partido quando percebi que ele tinha colado.

Embora nós o tenhamos perdoado e feito refazer a prova, seu castigo precisava ser um lembrete visual de que Deus pode mover o monte educacional. Art fez com que Mark movesse uma enorme pilha de pedras a uma curta distância de um local para outro. As pedras eram pesadas e só podiam ser movidas uma de cada vez. Ele trabalhou por muito tempo e ficou frustrado, pois mal tinha feito algum progresso. Horas depois, porém, ele ficou maravilhado. O monte tinha sido movido. Embora Deus pudesse ter movido instantaneamente se quisesse, Ele escolheu outro modo. Ele deu a Mark a força para mover uma pedra de cada vez.

Sim, a fé ainda move os montes. Às vezes, o grande ato de fé não é orar para o monte se mover instantaneamente, mas sim ficar ali quando Deus o ajuda a mover pouco a pouco.

Durante a fase de escassez, muitos são tentados a duvidar e, às vezes, até desistir. Talvez ouvimos algo errado de Deus. Talvez Deus não esteja conosco. As dúvidas nos bombardeiam e roubam nossa paixão em persistir. Quando isso acontece, estamos olhando para o monte todo e perdendo a visão da parte que Deus deseja nos ajudar a mover hoje. Não tente fazer seu sonho se realizar de uma vez só. Apenas cumpra a pequena parte da missão que Ele está lhe pedindo hoje. Apenas carregue uma pedra. Pergunte a Deus: *Qual é minha missão de hoje?* Faça essa parte e fique satisfeita que Deus está feliz. Seja incentivada e continue a persistir!

ESTUDO BÍBLICO PESSOAL

1. Leia 2Samuel 22:29-46 e Filipenses 4:13.

O caminho de Deus é perfeito. Podemos não entender seus planos, mas sabemos que podemos confiar ser o melhor para nós do que qualquer coisa que pudéssemos elaborar para nós. A visão de Deus é panorâmica — além da fase de escassez, Ele vê todo o caminho para a Terra Prometida. Nossa visão limitada é finita e incerta. Quanto mais entendemos esse aspecto, mais sabemos que estaremos melhores dependendo de Deus. 2Samuel 22 relata o que podemos fazer com a ajuda do Senhor. Leia essa lista várias vezes. O que você precisa que Deus a ajude a alcançar agora mesmo? Escreva suas respostas e peça a Deus para mostrar como você pode vivenciar o mesmo tipo de vida cristã vitoriosa que Davi está descrevendo. 2Samuel 22:31 relata: "Este é o Deus cujo caminho é perfeito; a palavra do Senhor é comprovadamente genuína". Deus mostrou-me que Ele é o Caminho. Deixe que Ele também mostre isso a você por meio de sua Palavra.

2. Leia Juízes 21:25 e Isaías 53:6.

Podemos facilmente esquecer que Jesus é o caminho, escolhendo trilhar o nosso próprio caminho como outra alternativa. Embora esses sejam versículos do Antigo Testamento, eles ainda são definitivamente reais hoje em dia. Deus é amoroso e paciente conosco, seus filhos rebeldes que tentam com teimosia fazer as coisas do próprio jeito. Isaías narra: "Cada um de nós se voltou para o seu próprio caminho". Sem exceção, todos nós somos incluídos nesse versículo. Permitimos que nosso orgulho, nossa independência e nossa natureza pecaminosa nos desviem do caminho de Deus e nos levem a um caminho que não é o melhor de Deus. Tiramos nossos olhos do Senhor e fazemos o que é melhor aos nossos próprios olhos. Na fase de escassez,

Satanás vem nos tentar para irmos por esse caminho. Ele faz com que o seguir pareça ser atraente e mais fácil do que o caminho de Deus — um atalho. Apenas se lembre de o caminho de Deus pode não incluir atalhos, mas ele realmente conduz ao sucesso por meio do projeto do Senhor que jamais decepciona (Romanos 5:3-5a). Medite nesses versículos e anote suas ideias em seu caderno.

3. Leia Provérbios 16:3 e 2Coríntios 6:4-10.

O sucesso divino e o sucesso mundano raramente são iguais. Na economia de Deus, tudo está ao avesso do jeito que o mundo vê as coisas, pois vivemos num mundo decadente governado pelo príncipe deste mundo. Satanás quer que acreditemos que só quem está em evidência tem valor, mas Deus diz: "Assim, os últimos serão primeiros, e os primeiros serão últimos" (Mateus 20:16). Enquanto esperamos entender o sucesso divino, que possamos compreender exatamente até com o que o sucesso divino se parece. Usando a concordância da sua Bíblia, pesquise a palavra "sucesso" ou "bem-sucedido" e descubra o que Deus tem a dizer sobre o tema. Lembre-se de continuar buscando Deus em tudo o que faz, e o sucesso será consequência. Anote os versículos no seu caderno.

CAPÍTULO OITO

RECUSANDO-SE A SE ATOLAR NA AMARGURA

Devo alertá-la a não ficar atolada na amargura durante a fase da escassez. É um momento de aprendizado, de saber como depender de Deus. Como resultado, serão tiradas de você as coisas que escondem o relacionamento que Ele quer ter com você. Você pode vivenciar uma sacudida em suas finanças, nas amizades, na sua posição de liderança, nas suas expectativas, e em uma série de outros fatores nos quais colocamos nossa confiança. Deus quer nossa total confiança. Então, saiba que sempre que Ele tirar algo de você, é para o nosso bem, e não para nos causar dano.

Resista à amargura causada por pessoas ou circunstâncias. Receba um grande conforto em saber que isso é só uma fase, que logo passará e um dia você vai, na verdade, agradecer a Deus por fazer você atravessar tal período. Um dia, esse tempo de perda levará a um tempo de grande júbilo. Enquanto olhamos para a história de José, extraia coragem de alguém que trilhou esse caminho antes de você. Coloque-se no lugar dele. Observe-o tomar sempre a decisão de honrar Deus durante a fase de escassez e observe como Deus restaura a vida dele cem vezes seguidas.

RECUSANDO-SE A SE ATOLAR NA AMARGURA

Além disso, fique atenta aos irmãos nessa história e observe como a má decisão deles em permitir que a amargura os consuma os fere. Qual será a história da sua fase de escassez?

A FASE DE DEIXAR PARA TRÁS DE JOSÉ

Para definir o cenário, devemos lembrar de Abraão, cuja história vimos nos capítulos sobre deixar para trás. Deus prometeu a Abraão que ele seria pai de uma grande nação. O único problema era que Abraão e sua esposa, Sara, viveram anos de infertilidade. Será que ele ouviu errado de Deus?

Não, Deus apenas tinha um plano muito diferente do que Abraão e Sara tinham. Quando o casal estava muito velho, eles foram abençoados com um filho chamado Isaque. Isaque cresceu, casou-se e teve dois filhos, um deles era Jacó. Então Jacó cresceu, casou-se e teve doze filhos de quatro mulheres diferentes. Sua esposa favorita deu à luz seu filho favorito, e então ela morreu no parto do segundo filho. O filho preferido era José e, por isso, seus irmãos cresceram desprezando-o. Gênesis 37:4 relata: "Quando os seus irmãos viram que o pai gostava mais dele do que de qualquer outro filho, odiaram-no e não conseguiam falar com ele amigavelmente". Nesse mesmo capítulo, o versículo 11 continua para relatar o óbvio: "Assim seus irmãos tiveram ciúmes dele". Os irmãos guardavam tanta amargura e antipatia de José que seus corações ficaram duros, e seus julgamentos, obscurecidos. Um dia, enquanto cuidavam das ovelhas numa colina, avistaram José à distância e planejaram matá-lo. O irmão mais velho interferiu e convenceu os outros a não o matar, mas jogá-lo num poço e mantê-lo preso.

Ao longe, alguns mercadores atravessaram o caminho até o Egito, dando aos irmãos a resposta perfeita. Ao vender José, eles conseguiram dinheiro e se livraram do seu irmão odiado, tudo em uma única transação. Eles tiraram a bela túnica de José, a qual tinha sido um presente de Jacó, rasgaram-na, tingiram-na com sangue de um animal e voltaram para casa com a última notícia para o pai de que José tinha sido morto por uma fera.

Enquanto isso, José está fazendo uma jornada de mais de 30 dias pelo deserto a pé, acorrentado e, muito provavelmente, sendo tratado pior do que um animal. Afinal de contas, agora ele era mercadoria para ser vendida assim que chegasse ao Egito. Não consigo deixar de imaginar como José deve ter se sentido durante aqueles dias quentes e longos, e noites solitárias e hostis, mas as Escrituras deixam claro que Deus estava com José assim como Ele está com todos os seus filhos injustiçados e de coração partido.

DEUS ESTAVA COM ELE

José finalmente chega ao Egito e é vendido como escravo. Ali, ela passa por muitos altos e baixos, testes, tragédias e triunfos, mas Deus estava com ele em meio a tudo. Seja ele preso cativo pelos comerciantes de escravos, servindo como escravo, ou na prisão, a Bíblia sempre nos faz lembrar de que o Senhor estava com José. Gênesis 39:2-4 diz: "O Senhor estava com José, de modo que este prosperou e passou a morar na casa do seu senhor egípcio. Quando este percebeu que o Senhor estava com ele e que o fazia prosperar em tudo o que realizava, agradou-se de José e tornou-o administrador de seus bens. Potifar deixou a seu cuidado a sua casa e lhe confiou tudo o que possuía".

Ah, minha amiga, pense que pessoa amarga José podia ter sido. Ele podia ter reivindicado seu direito de acusar de ter sido maltratado e abusado. Ele podia ter deixado seu coração se envolver pela amargura numa teia de raiva, ansiedade e vingança, mas não deixou. Ele escolheu não deixar. Ele fez a escolha ciente de honrar Deus com suas ações e atitudes, e Deus o honrou. Perceba também que Deus não o arrancou imediatamente da situação, mas o honrou na situação. Quantas vezes pedimos a Deus para remover uma circunstância desagradável, e Ele não remove? Busque honrá-lo e, então, lembre-se de procurar as maneiras pelas quais Ele está honrando você, não a livrando de alguma situação, mas lhe enviando bênçãos nesse lugar.

DE PRISIONEIRO A PRÍNCIPE

E não devemos subestimar o fato de que as pessoas em volta de José observavam-no honrando o Senhor. As pessoas estão observando você. Mesmo quando você acha que eles não estão olhando, eles estão. Elas querem ver se suas afirmações a respeito da fidelidade divina são verdadeiras mesmo quando a vida fica difícil. O mestre de José viu Deus nele e foi atraído pelo Espírito de Deus em José. Devemos nos lembrar de que nossa amargura afasta as pessoas. Ser cheia da doce fragrância da aceitação divina vai atrair e abençoar e, o mais importante, levar pessoas para Deus. José honrou Deus várias vezes, e em retribuição Deus abençoou e honrou José.

Mesmo assim, a vida não foi como a gente esperava para José. A esposa de Potifar tentou prendê-lo no pecado e o colocou na prisão. José ficou na prisão, "mas o SENHOR estava com ele e o tratou com bondade, concedendo-lhe a simpatia do carcereiro" (Gênesis 39:21).

Finalmente, José interpretou um sonho de Faraó. Deus o estava alertando para se preparar para sete anos de fartura seguidos de sete anos de escassez. Faraó ficou tão impressionado pelo

Espírito de Deus em José que o tornou responsável por toda a terra do Egito, abaixo somente de si próprio. José, que antes era um menino escravo esquecido, agora exercia o poder de um rei. Isso parece familiar? Deus fez isso por José. Ele fez pelos meninos liberianos. E Deus tem feito por você também. Você era uma órfã espiritual sem esperança, mas agora é adotada como filha do Rei Altíssimo!

DECISÕES ORDINÁRIAS PODEM TER EFEITOS EXTRAORDINÁRIOS

Com sabedoria, Faraó levou em consideração as previsões de José, e durante os sete anos de fartura, o Egito estocou diligentemente grãos para serem usados quando chegasse a escassez. Como era de se esperar, sete anos depois, uma fome terrível veio sobre a terra e os grãos estocados salvaram a vida dos povos.

Jacó e sua família também estavam vivendo uma fome extrema e ouviram que no Egito havia grãos. Então, Jacó enviou alguns dos irmãos de José para o Egito a fim de comprar grãos para alimentar sua família. Mais uma vez, a história tem muitas reviravoltas, mas finalmente José reconhece os irmãos, tem misericórdia deles, dá-lhes alimento e toda a família de Jacó muda-se para viver no Egito.

Todos os doze filhos de Jacó crescem, casam-se, cuidam de suas famílias no Egito e tornam-se as doze tribos da nação de Israel. Muitos anos e várias gerações depois, surgiu um Faraó que não se lembrou de José e de sua grande ajuda ao Egito. Ele estava preocupado que a grande nação de Israel fosse uma ameaça em potencial e pudesse destruir seu poderoso império egípcio.

Êxodo 1:11 relata: "Estabeleceram, pois, sobre eles chefes de trabalhos forçados, para os oprimir com tarefas pesadas".

Os versículos 12 e 13 prosseguem: "Todavia, quanto mais eram oprimidos, mais numerosos se tornavam e mais se espalhavam [...] e os sujeitaram a cruel escravidão". E assim segue a história de como toda a nação de Israel se tornou escrava no Egito.

Pense comigo, naquele dia, muitos anos atrás, quando um grupo de irmãos amargurados estavam cuidando de ovelhas num dia ordinário e tomaram uma decisão trágica. Eles causaram danos não apenas para suas famílias, mas, no final, para toda a nação de Israel. Se eles nunca tivessem vendido José para ser escravo, a nação de Israel jamais teria acabado como escrava, sendo tratada de forma tão cruel no Egito. Infelizmente, aqueles irmãos estavam vivendo a vida muito alheios das consequências trágicas que podem surgir de um ato de desobediência. O coração amargurado dos irmãos de José causou problemas para muitos naquele dia ordinário (leia Hebreus 12:15), e os efeitos da má decisão assombraram as gerações posteriores. À medida que tomamos decisões ordinárias em dias ordinários, eu me pergunto: será que temos ideia do impacto e da influência que essas decisões têm nas pessoas que nos cercam e nas gerações futuras?

TODAS AS COISAS SÃO POSSÍVEIS

Graças a Deus, os meninos liberianos estavam cientes que com Deus todas as coisas são possíveis. Eles não ficaram atolados na amargura que certamente bateu na porta do coração deles. Afinal de contas, suas mães, seus pais e muitos dos seus irmãos biológicos foram massacrados por rebeldes maldosos. Coloque-se no lugar deles.

Certa noite, você está em casa com toda sua família. De repente, a porta da sala é arrombada e todos a quem você ama são assassinados na sua frente. Sua casa é incendiada e seu dinheiro é roubado. Milagrosamente, você sobrevive, mas que futuro você tem agora? Você não tem dinheiro, ninguém para cuidar de você, nada. Você é levado para um orfanato e deixado lá. Você agora é uma criança esquecida em um país de terceiro mundo.

Mas Deus estava com aqueles meninos. Deus estava com José. E certamente, Deus também está com você. Ele não se esqueceu de você. Ele conhece suas circunstâncias. Ele sabe que a amargura, com certeza, também veio bater à sua porta. Não atenda à porta. Não ouça a voz da amargura. Nem sequer abra um pouquinho para dar uma espiadinha. Peça a Deus para afastar essa visita indesejada e levá-la embora. Então, escolha diariamente nunca mais ressuscitá-la.

As decisões que você está tomando hoje são relevantes. Graças a Deus, José estava ciente de que todas as coisas são possíveis com Deus, ele salvou a nação de Israel apesar de ser traído e ferido por ela. O que Deus pode ter reservado para você após a escassez? Quais tesouros você está descobrindo? Você aprendeu como depender de Deus como nunca antes? E o mais importante, você tem uma resposta certa guardada em seu coração que sim, com Deus todas as coisas são possíveis?

ESTUDO BÍBLICO PESSOAL

1. Leia Atos 7:9-15.

Essa passagem é uma continuação do sermão de Estevão, particularmente lidando com a história de José nesta seção. Perceba que o versículo nove ressalta que "Mas Deus estava com ele". Várias vezes na Bíblia, as pessoas são descritas como tendo Deus com elas. Leia Gênesis 21:20; 26:3; 39:2;

1Samuel 18:14; Lucas 1:66 e Atos 11:21 para algumas referências. Nessas passagens, Deus está obviamente com quem o segue. Ele caminha conosco, fala conosco e nos chama de seus, como diz um antigo hino. Quão abençoadas somos por ter Deus como nosso companheiro de vida! Em seu caderno, escreva um desses versículos e registre seu nome no lugar do nome da pessoa no versículo. Ganhe a confiança e a força de que precisa apenas por saber que Deus está com você, assim como estava com José e com outros heróis da fé.

2. Leia Gênesis 41:16.

Nesse versículo, José se recusa a ter qualquer crédito por seu sucesso. Ele está em pé na presença de Faraó — o homem mais poderoso do mundo naquele tempo —, que não adora o Deus de José, ainda que José não tenha medo de dar glória a Deus diante do Faraó. Sua disposição para glorificar Deus resultou em muitas bênçãos para ele, pessoal e politicamente falando. Leia Gênesis 41:38- 45 e em seu caderno, liste as bênçãos que Deus deu a José.

José podia ter desistido, se sentindo traído e virado as costas para Deus quando foi parar no Egito como um escravo. Em vez disso, ele usou a oportunidade para construir seu caráter e aumentar sua fé ainda mais. Devido à sua perspectiva positiva na situação, foi-lhe permitido ver Deus resolver uma situação desesperadora para o bem. Podemos ter a mesma perspectiva de acordo com Romanos 8:28 (NTLH): "Pois sabemos que todas as coisas trabalham juntas para o bem daqueles que amam a Deus, daqueles a quem ele chamou de acordo com o seu plano".

3. Leia Gênesis 41:50-52.

Após José ser abençoado com sua nova posição como o segundo no comando de Faraó, ele se casa e tem dois filhos, Manassés e Efraim. Os nomes dos dois filhos eram importantes para a vida de José, como descreve o versículo. Escreva no caderno o que o versículo relata que significa o nome de cada filho de José.

4. **Quando José se casou** e assumiu sua nova posição de liderança, ele tinha vivido treze anos de escravidão. A escravidão era parte do plano de Deus para ele? Provérbios 20:24 narra: "Os passos do homem são dirigidos pelo SENHOR. Como poderia alguém discernir o seu próprio caminho?'. José sabia que Deus tinha um plano para sua vida, e ele aceitou a soberania de Deus independentemente do que acontecesse. José sabia que Deus tinha dirigido seus passos até aquele poço cavado para ele por seus irmãos, como também sabia que Deus tinha dirigido seus passos para um lugar de poder. Deus tinha se revelado fiel do poço à Potifar, da prisão ao poder. Os filhos de José, por sua vez, tornaram-se um testemunho vivo de sua convicção de que Deus estava com ele a cada passo do caminho. No seu caderno, rapidamente repasse a fidelidade de Deus por meio de algumas experiências da sua vida.

FASE TRÊS

Crer

CAPÍTULO NOVE

O CAMINHO MAIS IMPROVÁVEL

A família do Art ama ir acampar, e eu não me refiro a um acampamento confortável com duchas quentes e energia elétrica. Oh não, eles gostam da verdadeira vida selvagem, no estilo "No Limite". Um acampamento onde você ergue uma completa vila de tendas com uma casinha improvisada — um buraco no chão com lonas de plástico cobrindo os três lados. Vocês podem imaginar o horror quando Art trouxe Princesa — o apelido afetuoso que ganhei — para participar da tradição familiar puxando um trailer com ar-condicionado para o acampamento afastado ao lado do rio. Eles ficaram sem palavras quando a paz e o silêncio deles foram invadidos pelo barulho do gerador. A última gota d'água foi quando saí do trailer, na manhã seguinte, com cabelo e maquiagem feitos.

Em minha defesa, devo dizer que encarei o desafio e durante toda aquela semana meu secador de cabelo e maquiagem se tornaram itens do passado. Eu até tentei tomar banho no rio lamacento como todo mundo. Na verdade, eu gostei de ter comunhão com a natureza e ter laços com minha família enquanto deixávamos o mundo moderno para trás.

O QUE ACONTECE QUANDO UMA MULHER CAMINHA PELA FÉ

Em um dos últimos dias da nossa aventura, todas as crianças decidiram ir nadar no rio. Eu não estava nem um pouco preocupada, já que todos ficamos bem confortáveis perto d'água. Enquanto eles nadavam e riam a tarde toda, sentei-me num banquinho, feliz por meus filhos terem um momento legal com os primos. De repente, percebi algo estranho de canto de olho. Alguma coisa estava flutuando na superfície da água a poucos metros das crianças. Parecia ser um galho. Havia muitos galhos e outros detritos naturais dentro e boiando na água, então eu o afastei. Poucos segundos depois, uma dúvida passou pela minha cabeça: aquilo estava flutuando ou nadando? Galhos não nadam na superfície d'água — as cobras nadam!

Engasguei enquanto um dos meus piores medos estava indo em direção aos meus filhos. Eu sabia que não podia entrar em pânico, então chamei a atenção de todas as crianças com calma. Disse-lhes com firmeza que era muito importante ouvirem minha voz e fazer exatamente como eu orientasse. Eles precisavam sair da água rapidamente — mas isso não seria possível seguindo a rota normal até mim. O aterro em que eu estava era muito íngreme, e só uma criança por vez podia escalar lentamente. Eles tiveram de nadar pelo rio estreito até a borda do outro lado. Assim todas as crianças podiam sair da água rapidamente, e os homens podiam colocar o barco entre as crianças e a cobra.

Eu não queria que elas soubessem da cobra e entrassem em pânico, apenas disse que era muito importante fazer como eu instruía e eles teriam uma surpresa do outro lado. A ideia de uma surpresa era toda a motivação que elas precisavam enquanto faziam prontamente, mas com calma, o que fora ordenado. Quando os homens pegaram a criatura parecida com um galho, confirmaram que era, de fato, uma cobra venenosa. Sim, as crianças certamente

REAL DEMAIS PARA NEGAR

tiveram uma grande surpresa quando perceberam porque era tão importante sair da água assim como eu havia instruído.

REAL DEMAIS PARA NEGAR

A vida é bem parecida com a experiência da cobra. Deus conhece as melhores rotas para nós. Ele vê os perigos e as tentações que não vemos pelo caminho. Às vezes, ficamos frustradas com Deus quando Ele nos leva a lugares aos quais não planejamos ir. Sua rota de vez em quando parece estar fora do caminho: é inconveniente, cansativa e confusa. Devemos, porém, reconhecer sua voz, ouvir atentamente e fazer exatamente como Ele instrui. Meus filhos assim agiram porque me conheciam, confiavam em mim e tinham sido condicionados a me obedecer.

Devemos confiar em Deus da mesma forma. Quando sai da fase da escassez, você entra nesse novo e lindo lugar de crer em Deus como nunca crera antes. Você sempre quis crer nele e em suas promessas, e agora que saiu da sua zona de conforto e atravessou as dores da escassez, Ele se tornou real demais para ser negado.

Quanto mais longe caminhamos com Deus, mais facilmente ouvimos sua voz e confiamos em suas instruções. Ao longo das Escrituras, Deus chama seu povo de "ovelhas" e intitula-se como o Bom Pastor. Phillip Keller faz esta observação em seu livro clássico *Nada me faltará*:

> Na vida cristã não há substituto para a certeza de que o pastor se acha por perto. Não há nada como a presença de Cristo para dispersar o medo, o pânico e o terror desconhecidos. Todos nós levamos uma vida incerta. A qualquer momento, podemos achar--nos face a face com uma calamidade, um perigo ou sofrimento,

de procedência imprevisível. E então, em meio às desventuras, subitamente, nos sobrevém a consciência de que Ele, o Cristo, o Bom Pastor, está ali. Essa certeza muda tudo. Sua presença lança luz diferente sobre a situação. De repente, as coisas já não parecem tão sombrias, tão aterrorizantes. Modifica-se a perspectiva de tudo. É o conhecimento de que meu Mestre, meu Amigo, meu Dono, tem tudo sob controle mesmo quando parece catastrófico. Isso me dá um grande consolo, repouso e descanso.[1]

DEUS VAI AJUDÁ-LA A QUERER OBEDECER

Meu Bom Pastor pergunta todos os dias: "Você confia em mim? Crê em mim? Vai seguir minhas ordens mesmo quando elas não fizerem sentido para você?". Nós, como ovelhas, devemos dizer um "sim" retumbante, deixando de lado todas as nossas dúvidas. É possível que Deus já tenha levado você para alguns caminhos indesejados anteriormente, e pode ter quase certeza de que há mais pela frente, então por que não fazer as pazes com essa situação agora? Por que não apenas confirmar em voz alta que você realmente confia em Deus e está disposta a atravessar os caminhos indesejados porque sabe que eles são os melhores do Senhor para você?

Eu a desafio a ter essa atitude mesmo que não tenha vontade. Os sentimentos acompanham o comportamento correto, e não o oposto. Faça as escolhas certas para honrar Deus e suas emoções vão se alinhar a isso. E embora seguir Deus desse primeiro jeito possa parecer fazer sua vida ficar mais difícil, na verdade

---

[1]Phillip Keller, *A Shepherd Looks at Psalm 23* (Grand Rapids, Michigan: Zondervan, 1970), p. 26-27.

é o contrário. Isso faz sua atitude ficar mais alinhada com a do Senhor, assim capacitando-lhe a suportar o que vier pelo caminho.

Embora eu tenha tropeçado e cambaleado muitas vezes nesse caminho mais improvável com Deus, Ele me permitiu entender o que Filipenses 2:12-13 significa quando instrui: "[...] ponham em ação a salvação de vocês com temor e tremor, pois é Deus quem efetua em vocês tanto o querer quanto o realizar, de acordo com a boa vontade dele". Ou seja, não há problema em ter medo de colocar tudo a perder. Está tudo bem ser honesta o suficiente para admitir que você nem sempre quer obedecer. Isso é a natureza humana. Peça a Deus para ajudá-la a tomar decisões sábias. Peça-lhe para ajudá-la a *querer* obedecer. Deus vai agir em você para ajudar a alinhar sua vontade com a dele, basta você pedir.

Já se atreveu a pedir isso? Já se atreveu a dizer para Deus: *"Senhor, seja qual for sua vontade para minha vida, é o que eu quero"*? Crer em Deus não é para os de coração fraco. É somente para aqueles que querem descobrir as ricas bênçãos de caminhar perto o bastante de Deus para sempre ouvir suas batidas do coração.

AS BATIDAS DO CORAÇÃO DE DEUS

Já ouvi essa batida de coração muitas vezes. Ouvi tão claramente num dia que meu mundo podia ter desabado ao meu redor. Mas lá estava: *tum-dum, tum-dum, tum-dum*. Tão real. Tão perto. Perto demais para eu negar que Ele estava bem ali comigo. Então, o que era para ser um dia desastroso foi apenas um buraco no caminho. Eu ouvi suas instruções, fiz exatamente o que Ele disse, apesar das minhas emoções, e Ele me levou em segurança para o outro lado.

Alguns meses antes da nossa viagem de acampamento, Art me disse que ele queria investir toda nossa poupança na Bolsa de

Valores. Algumas ações pareciam ser uma grande promessa e ele quis adentrar onde era certeza ser bem rentável. Não sou muito de investir, mas eu não gostava da ideia de apostar todas as nossas fichas apenas em um lugar, por assim dizer. Eu verbalizei minha preocupação, mas deixei ele fazer o que achava melhor.

Então chegou o dia. O dia em que a Bolsa de Valores despencou. Art voltou para casa, e eu fui até a porta para cumprimentá-lo com algumas trivialidades daquele dia. Seu semblante me fez parar de falar. Eu vi quando ele se curvou diante de mim, abraçou minhas pernas e soluçou: "Eu perdi tudo. Todos os nossos investimentos se foram".

Tum-dum, tum-dum, tum-dum. Eu sabia que o Senhor estava perto. Eu sabia que Ele iria prover. Eu sabia que Ele estava permitindo isso acontecer por um motivo. Ele podia restaurar nosso investimento tão rápido quanto permitiu perder. *Tum-dum, tum--dum, tum-dum.* Eu sabia tudo, mas minha carne gritou: *"Eu avisei! Seu tolo! Como você pôde ter feito isso?"*. Mas como eu podia desonrar Deus quando tudo o que sei dele faz-me lembrar de sua constante provisão? Eu realmente achava que nossa poupança vinha do nosso trabalho árduo ou sabia e acreditava que tudo o que temos vem direto do Senhor? *Tum-dum, tum-dum, tum-dum.*

Ajoelhei-me na frente de Art e coloquei seu rosto em minhas mãos. "Eu amei você ontem, quando tínhamos tudo. Amo você hoje, quando não temos mais nada. Eu amo você, Art, não pelo o que você tem, mas por quem você é." Isso se tornou um momento de definição do casamento para nós. Não foi um caminho que eu teria escolhido livremente, mas foi o melhor caminho. Eu escolhi crer em Deus naquele momento. Escolhi, pelo poder do Espírito Santo, honrar o que sabia ser verdadeiro a respeito de Deus ainda que minhas emoções não acompanhassem. Agora, do outro lado dessa experiência, posso dizer que o que fiz pelo nosso casamento foi impagável. Eu teria dado espontaneamente cada centavo que perdemos para ter o que ganhamos.

Deus sabia o que era melhor. Ele sempre sabe. *Tum-dum, tum--dum, tum-dum.*

Senti uma paz completa e inesperada. Eu podia ter me afundado naquilo que tinha perdido e ficado no lugar árduo da escassez, mas algo em minha alma estendeu a mão para a perspectiva divina e agarrou a certeza de sua presença, e de repente eu fui conduzida da escassez para a fase de crer. No minuto que confiei assim em Deus, minha escassez acabou e comecei uma nova fase de crer em Deus como nunca crera antes.

Você percebe? Na fase de crer, suas circunstâncias podem não ser tão diferentes daquilo que eram na fase da escassez. Contudo, a diferença está em como você olha para elas. Você mudou. Sua mentalidade mudou. Sua crença em Deus mudou, pois agora você sabe com certeza: as pessoas podem mudar, as coisas podem mudar; Deus, porém, jamais muda. Deus não muda, e nem suas promessas.

ESTUDO BÍBLICO PESSOAL

1. Primeiro, leia Jó 37:1-5 e Salmos 29:3-9; depois, leia 1Reis 19:11-13 e Isaías 30:21.

Na primeira série de versículos, a voz de Deus é descrita como um poderoso estrondo, alto, imponente e que inspira admiração, bem como você esperava. Na segunda série de versículos, porém, a voz de Deus é calma e silenciosa, pouco mais do que um sussurro. Devo admitir que às vezes eu gostaria de poder ouvir a voz de Deus tão alta quanto um trovão, pois eu saberia com toda certeza que o ouvi corretamente! Mas sou grata pelo fato de que Deus é gentil comigo, sussurrando suas palavras de afirmação e incentivo. Aprendi a ouvir o som da sua voz bem atrás de mim dizendo: "Este é o caminho, siga em frente". À medida que dou passos hesitantes para frente, fico mais confiante em meu caminhar e percebo que Ele sempre está comigo.

2. Leia 1Samuel 15:22, Salmos 95:7-8 e Hebreus 3:7.

À medida que aprendemos a ouvir a voz de Deus, o próximo passo é obedecer a sua voz. Esses versículos mostram que Deus fala conosco com a expectativa de que nós o obedeçamos consequentemente. Ainda assim, muitos de nós ignoramos sua voz, discutimos com ela ou tentamos abafá-la ao permitir que outros sons preencham nosso mundo. Como vimos, a voz de Deus é uma brisa suave que pode ser ouvida somente quando paramos com a intenção de ouvi-la. Em Salmos 95:7, a palavra original para "ouvirem" significa *ouvir com a intenção de obedecer*. Devemos dar o próximo passo de ouvir sua voz e, então, obedecer àquilo que Ele nos pediu para fazer. A Palavra de Deus traz vários exemplos de como perderemos as muitas bênçãos que Ele tem reservado para nós se não obedecermos a sua voz, assim como os filhos de Israel perderam a Terra Prometida.

3. Leia Salmos 37:23-24, Provérbios 4:11-12 e João 11:9.

Às vezes, ouvimos a voz de Deus e avançamos em sua direção, apenas para tropeçar ao longo do caminho. A Palavra de Deus alerta que vamos tropeçar de vez em quando, mas Ele vai nos guardar de cair. Tiago 3:2 relata: "Todos tropeçamos de muitas maneiras". Jesus nos ensinou que devemos caminhar de acordo com a vontade de Deus. Agindo assim, não temos nada a temer. É melhor caminhar em obediência do que viver com medo de tropeçar.

CAPÍTULO DEZ

BLOQUEIOS
E GARANTIAS

O que exatamente tu estás fazendo, Deus? Balancei minha cabeça em sinal de incredulidade enquanto dirigia lentamente pela entrada da garagem. Eu estava enfrentando uma situação impossível. Deus estava me pedindo para estender graça para alguém que estava me magoando. Ele queria que eu amasse aquela pessoa quando ela estava fazendo de tudo para destruir meu conforto, minha segurança e minha alegria. Senti como se não tivesse jeito de honrar Deus naquele momento. Tinha uma lista inteira de emoções percorrendo meu corpo, e nenhuma delas era amor e bondade. Mas eu não podia afastar essa sensação esmagadora de que Deus estava esperando, observando e atraindo-me para agir contra as minhas emoções e simplesmente caminhar em sua verdade. Era para eu amar aquela mulher que me ofendia desesperadamente.

BLOQUEIO!

Tudo começou com uma disputa pelos limites da nossa propriedade. Logo descobrimos que, de fato, cometemos um erro e parte da nossa entrada da garagem estava num espaço que não nos pertencia. Tentamos comprar o pequeno lote dela, em vão. Tentamos raciocinar e pensar em cada hipótese possível para consertar o problema sem ter de gastar uma quantia exorbitante de dinheiro para represar parte do nosso lago e remover a entrada da garagem. Mas para ela nenhuma solução era aceitável e ficou aparente que teríamos de fazer a opção menos desejável.

O tempo também era um problema. Precisávamos esperar até os meses mais secos do verão, quando poderíamos drenar o lago, mas até isso era inaceitável e logo fomos recebidos com vários bloqueios em nossa entrada da garagem. Pedras enormes, cavaletes, placas de madeira e placas de "Proibido ultrapassar" bloqueavam nosso caminho. Meses se passaram, as placas pioraram e cartas nada amigáveis chegaram até nós com mais frequência. Senti-me ameaçada, frustrada, magoada e perplexa.

E ali estava eu, uma mulher num ministério cristão que passa a vida ensinando mulheres a amar umas às outras, e minha vizinha não suportava me ver. Eu estava de coração partido e abalada, e comecei a me questionar. O pior de tudo era que eu não conseguia resolver o problema. Clamei a Deus e implorei-lhe para remover o problema, amolecer os corações, mudar as mentes, ou melhor de tudo, remover sobrenaturalmente a entrada da garagem. Mas não era para ser assim. Semana após semana, vi-me dirigindo pela entrada da minha garagem longa e íngreme apenas para ser parada pela mais nova tentativa de bloqueio.

A SOLUÇÃO DE DEUS

Então chegou o dia em que Deus moveu, mas não a entrada da garagem nem o coração daquela mulher: Deus tocou em mim. Foi no dia que cheguei em casa e encontrei a mulher e alguns trabalhadores construindo uma cerca na estrada que nos bloquearia permanentemente de entrar e sair de nossa casa. Fiquei furiosa. Como ela tem coragem de fazer isso? Por que ela faria isso? Corri para chamar alguém para me ajudar, alguém para me resgatar. Enquanto ia cheia de ira para minha casa, Deus subitamente quebrou minha raiva e ansiedade, e pediu para eu chamar minha adversária construtora da cerca para tomar um copo d'água.

Era um dia quente de verão e construir uma cerca não era um trabalho fácil. Ela estava cansada e com sede. Mas o motivo pelo qual ela estava cansada e com sede era devido a toda a energia que ela estava empregando para me atingir. Agora, eu ia lhe dar água para refrescar e reenergizar seus esforços? *Deus, isso não é justo. Isso não faz sentido! É possível que ela nem pegue a água que eu lhe der.* Então, era ali que eu me encontrava enquanto caminhei lentamente para a cerca. Quando desci do carro e comecei a ir em sua direção, tive de fazer meus pés desejarem andar nesse caminho de obediência. Mas então, enquanto meu braço se esticava para dar-lhe água, o peso se dissipou e senti de forma bem clara a impressão de Deus em meu coração: *Hoje será água física, mas é um dos fatores que vai conduzi-la a receber a água da vida.* Seu olhar silencioso fez-me saber que não era hoje o dia de tentar dar-lhe a água da vida, mas as sementes foram plantadas em seu coração e no meu. Como essas sementes serão cultivadas, isso depende do Senhor.

Lágrimas encheram meus olhos enquanto eu silenciosamente voltei para meu carro e virei para voltar para a entrada da garagem. Deus tem o modo mais espetacular de trabalhar nos detalhes invisíveis da vida e resolver seu plano apesar da nossa teimosia. Aqui estava eu, debatendo-me nessa situação que pensei que fosse tão inútil, e o tempo todo Deus tinha um plano. Um plano para ela e um plano para mim.

NOSSA MISSÃO

Como eu gostaria de ter aceitado o plano de Deus mais cedo. Tudo que eu conseguia pensar era em mudar as circunstâncias que estavam me causando perturbação e desconforto. Agora percebi que para aquela fase da minha vida, minha missão divina era aprender a amar uma inimiga. Qual inimigo você precisa aprender a amar neste momento? Talvez seja um vizinho, uma criança prodígio, um cônjuge bravo ou uma amiga rancorosa.

Não gostamos de lugares difíceis. Nossa alma anseia pela perfeição do jardim do Éden para a qual fomos projetados, e mais ainda o mundo em que vivemos nos arremessa de uma imperfeição para outra. Rapidamente nos vemos vazias e exaustas, tentando solucionar problemas que interrompem planos e causam sofrimento e desgosto. Ficamos até frustradas com Deus. Sabemos que Ele podia resolver o problema. Com um estalar de dedos de sua mão santa, Ele poderia curar os doentes, reorganizar as circunstâncias, restaurar onde está destruído e arranjar uma saída. Então, por que Ele não age?

CRESCENDO

A resposta é que Deus nos ama demais para nos deixar onde estamos. Pense num bebê dentro do útero da mãe. Ele está aquecido e bem alimentado. Ele gosta desse lugar de segurança e proteção, mas chega o momento em que ele deve sair. Ele deve passar pelo choque doloroso de nascer. É difícil, mas se ele resistir, o crescimento não será mais possível e ele morrerá.

Nossa vida espiritual é exatamente o mesmo. Devemos continuar a crescer e aceitar o plano de Deus para a vida que nos foi dada. Não crescemos ao mudar as circunstâncias adversas.

Crescemos ao aceitar os planos de Deus para as circunstâncias e ao permitir que Ele tenha pleno caminho em nós. Permita que Deus resolva os problemas e as imperfeições no centro da sua alma. Deixe que Ele a ajude a encontrar uma perspectiva além da sua própria perspectiva. Só então você poderá encontrar uma paz incrível nas tempestades da vida.

Os inimigos de uma ótima vida não são a tragédia, as mágoas ou os momentos difíceis. O inimigo de ter uma vida ótima é simplesmente conduzir uma vida boa. Uma vida onde você busca conforto e sossego acima do crescimento. Uma vida onde você evita correr riscos com Deus. Vivemos em um mundo decadente, então ninguém pode evitar cada buraco na estrada da vida. Você *terá* tempos difíceis. Você terá colisões e hematomas, mas não precisa ficar desorientada. Diga "sim" para Deus agora. Diga "sim" para o que Ele trouxer ao seu caminho. Busque-o de todo o coração. Considere o que Ele está lhe ensinando. Renda-se para aquilo que Ele está exigindo de você e saiba que Ele está desenvolvendo seus planos maravilhosos para você agora, nos bastidores.

ACEITE OS PLANOS DO SENHOR

Esse lugar árduo no qual você se encontra não é uma distração. Você não está sendo desviada. Esse é o caminho de Deus. "'Porque sou eu que conheço os planos que tenho para vocês', diz o Senhor, 'planos de fazê-los prosperar e não de lhes causar dano, planos de dar-lhes esperança e um futuro'" (Jeremias 29:11). É possível que você tenha ouvido esse versículo inúmeras vezes, mas coloque-o em contexto com os versículos seguintes e verá o chamado não só para confiar em Deus, mas para ter paz em saber que Ele vai carregá-la pelo caminho. Os versículos 12-14 continuam relatando:

BLOQUEIOS E GARANTIAS

"Então vocês clamarão a mim, virão orar a mim, e eu os ouvirei. Vocês me procurarão e me acharão quando me procurarem de todo o coração. Eu me deixarei ser encontrado por vocês", declara o SENHOR, "e os trarei de volta do cativeiro. Eu os reunirei de todas as nações e de todos os lugares para onde eu os dispersei, e os trarei de volta para o lugar de onde os deportei", diz o SENHOR.

Minha chamada para a ação favorita aqui é buscar Deus "de *todo* o coração". Não só as partes do seu coração que clamam por tranquilidade. Não só as partes do seu coração que clamam por restauração. Encontre aquele lugar no seu coração que anseia pelo crescimento e deixe que ele clame bem alto. Aceite esse plano perfeito e você encontrará Deus. Veja o plano pela perspectiva de Deus e desfrute a paz bem no meio da tempestade. Enquanto isso, minha promessa de Deus favorita aqui é que Ele nos trará de volta. Ele nos levou para o lugar árduo, esse tipo de exílio, e nos trará de volta.

Essa é uma fase de crescimento. É parte do plano. A estrada não será árdua ao longo de todo o percurso. Continue clamando por Ele com grande confiança, entendendo que nada, nenhum lugar árduo, poderá separar você da presença reconfortante de Deus e da sua misericórdia sem limites. Isso logo vai passar, e do outro lado aguardam as ricas perspectivas, um crescimento lindo e, sim, uma fé mais forte.

O RESTO DA HISTÓRIA

Ei, o que aconteceu com a entrada da garagem? Tivemos de drenar o lago e remover a garagem. Partiu nosso coração ver o lago ficar num estado deplorável, e o processo de remover a entrada foi muito caro. Deus, entretanto, proveu cada centavo de que precisávamos para mudar a entrada da garagem das formas mais surpreendentes. Agora você mal pode ver as evidências da grande escapada da garagem. Brotou grama de novo do solo estéril, e a entrada da garagem fica a salvo em nossa terra. Eu ainda oro pela minha vizinha, que desde então se mudou, e ainda espero que um dia sejamos amigas. Porém a mais bela restauração que aconteceu foi com o lago.

Tinha levado anos para nosso lago encher, então presumi que levaria anos para preenchê-lo depois de ter sido drenado. Mas Deus tinha um plano diferente. Você se lembra o que Ele tinha pedido para eu dar para minha vizinha? Um copo d'água. Você sabe o que Deus me deu em troca? Ele trouxe uma tempestade bem em cima do lago — um pé-d'água que eu jamais tinha visto — e preencheu o lago em apenas um dia! Minha amiga, não foram apenas gotas de chuva que caíram naquele dia. Para mim, era Deus derramando todo seu amor em mim e lembrando-me de que Ele está no controle total. Um copo d'água precedeu a bênção de milhões de galões.

Oseias 10:12 relata: "Semeiem a retidão para si, colham o fruto da lealdade, e façam sulcos no seu solo não arado; pois é hora de buscar o Senhor, até que Ele venha e faça chover justiça sobre vocês". Agora, deixe-me fazer com que você leia o versículo de novo com alguns acréscimos pessoais: "Semeiem a retidão para si [escolhas certas que honram Deus mesmo quando você não quer], colham o fruto da lealdade [amor para os amorosos e odiosos na mesma proporção], e façam sulcos no seu solo não arado [quer haja bloqueios na sua garagem ou no seu coração]; pois é hora de buscar o Senhor, [aceitá-lo de *todo* o seu coração], até que Ele venha [e Ele certamente virá] e faça *chover* [mais do que você pudesse esperar ou imaginar] justiça sobre vocês".

Esse é o segredo para viver e amar a vida que Deus lhe deu, esteja você alegrando-se nos bons tempos ensolarados ou sentindo-se abandonada e entregue em uma tempestade. Você tem a paz do Senhor porque tem sua santa presença. Permita que seu coração cresça em um solo fértil ao tomar as decisões certas que honram Deus a cada passo do caminho. Tire os olhos do problema e foque no Deus bom e amoroso, que tem grandes planos para você. Veja Deus fazer chover mais do que você nunca poderia imaginar. Ele vai restaurar o que lhe foi tirado do seu modo perfeito. Então, você dançará na chuva e beberá até a última gota! "O Senhor abrirá o céu, o depósito do seu tesouro, para enviar chuva à sua terra no devido tempo e para abençoar todo o trabalho das suas mãos" (Deuteronômio 28:12). Você está começando a ficar estarrecida pelas coisas que acontecem quando caminhamos com Deus?

ESTUDO BÍBLICO PESSOAL

1. Leia Provérbios 25:21-22, Marcos 9:41 e Hebreus 6:10.

Quando Deus me pediu para levar um copo d'água para a minha vizinha, no início fiquei resistente ao seu gentil impulso em meu coração. Afinal de contas, ela estava me perseguindo e colocando a mim e minha família numa turbulência desnecessária. Ela não *merecia* nenhum ato de bondade da minha parte. E então, Deus quebrou meu egoísmo e ressaltou que se seu julgamento fosse baseado naquilo que merecemos, certamente jamais veríamos o céu. Eu sabia que precisava parar de dizer a Deus o porquê de minha vizinha não merecer minha bondade e simplesmente obedecê-lo. Posteriormente, quando refleti sobre essa situação, pensei nesses versículos, que lidam especificamente com trazer água em seu nome. Fui incentivada mais uma vez pela relevância da viva e eficaz Palavra de Deus (Hebreus 4:12) e pela certeza de que sua promessa não volta vazia (Isaías 55:10-11). Posso descansar nessa verdade, sabendo que Deus usou e usará aquele simples copo d'água na vida da minha vizinha e agora está usando essa história em sua vida, leitora.

2. Leia Mateus 25:40, Atos 10:4 e Romanos 12:13-21.

Minha missão era levar água fresca para a pessoa que estava tentando me impedir de entrar em minha própria casa. Sua missão, pelo jeito, será abençoar alguém que é tão indigna aos seus olhos. Todo dia, Deus nos convida a estender nossa mão em seu nome para o pobre e o necessitado. Essas pessoas não são apenas financeiramente pobres. Elas são pobres de espírito, pobres de recursos, pobres de perspectiva. Elas não precisam de dinheiro ou esmolas; elas precisam de incentivo, bondade e esperança. Muitas não merecem esses itens e, ao que tudo indica, não vão apreciá-los no início. Quando ofereci água para minha vizinha, ela recusou, mas Deus garantiu-me que minha disposição em oferecer era o suficiente para Ele cumprir seus propósitos naquela hora e local. Não aconteceu nenhum milagre naquele momento; ela continuou construindo a cerca, e fui para casa ainda sem saber exatamente como Deus resolveria a situação. Mas eu sabia uma coisa: Deus estava agindo e nisso eu podia descansar.

Para quem Deus está impulsionando você a estender a mão enquanto você lê estas palavras? Existe alguém em sua vida que é "o menor deles"? Talvez você tenha uma vizinha desagradável como eu tive. Talvez a sua pessoa "menor" é um membro da família ou uma sócia — ou talvez seja mais de uma pessoa. Ore para Deus mostrar quem são essas pessoas e o que você pode fazer por elas em nome dele — não porque elas merecem, mas porque você sabe que abençoá-las honra e agrada ao Senhor. Escreva alguns nomes e a sua tarefa em seu caderno. Certifique-se de incluir a data e lembre-se de voltar a anotar o que aconteceu em seguida. Confie em Deus para multiplicar seus esforços além do que você pode enxergar com sua visão limitada.

3. Leia João 4:4-42.

Embora seja possível que você já tenha lido antes esse relato da mulher no poço, leia novamente, dessa vez com especial atenção às referências de Jesus sobre a água viva que Ele tinha para oferecer à mulher e o que ela fez após o encontro com Cristo. Ele a impactou tanto que ela voltou e contou a todos o que encontrara (versículo 28). O versículo 39 prossegue: "Muitos samaritanos daquela cidade creram nele por causa do seguinte testemunho dado pela mulher". Para quem Deus está levando você para compartilhar seu testemunho? Compartilhe sua água viva ao contar sobre seus encontros com Ele e como Ele mudou sua vida.

CAPÍTULO ONZE

DEUS VAI DAR UM JEITO

Depois de um final surpreendente no capítulo anterior, você talvez pense que Deus enviaria a chuva, ensinaria esses grandes princípios e faria com que eu e a vizinha nos reconciliássemos e dançássemos juntas ao pôr-do-sol enquanto as palavras "e elas viveram felizes para sempre" sobem na tela da TV. Bem, mas não foi assim.

Depois de um ano que mudamos a entrada da garagem, um xerife apareceu em nossa casa para me entregar papéis para eu comparecer no tribunal. Estávamos sendo processados pelo aluguel na época em que parte da entrada da nossa garagem estava na propriedade dela. Eu quase desmaiei. Algumas pessoas têm fobia de cobras, outras de altura... eu não. Eu tinha um medo descomunal de ser levada para a prisão. Então, ver o xerife em minha porta deixou-me em choque.

De repente, minha crença absoluta de que Deus estava no controle começou a hesitar. Essa hesitação fez-me ficar mais abalada do que ir ao tribunal. Eu queria crer. Desejei permanecer forte em minha crença. Li e reli muitos versículos "sobre crer", como

Salmos 118:6-7, que diz: "O Senhor está comigo, não temerei. O que me podem fazer os homens? O Senhor está comigo; ele é o meu ajudador. Verei a derrota dos meus inimigos". Ainda assim, não me *sentia* segura.

Clamei ao Senhor. Nos meus dias mais espirituais, minhas orações se pareciam com Salmos 25:1-2: "A ti, Senhor, elevo a minha alma. Em ti confio, ó meu Deus. Não deixes que eu seja humilhado, nem que os meus inimigos triunfem sobre mim!". Eu sabia que minha "inimiga" não era essa pessoa — era Satanás querendo que eu reprovasse miseravelmente no teste. Oh, como eu queria ser aprovada, mas eu estava tão assustada. Nos meus dias mais hesitantes e difíceis, eu orava parecido com Salmos 5:6: "Destróis os mentirosos; os assassinos e os traiçoeiros o Senhor detesta". Terrível, porém real.

TESOUROS PARA SEREM DESCOBERTOS

Eu constantemente vacilava. Tinha medo de que Deus não comparecesse. E se perdermos o caso no tribunal? A gente ia se parecer com o quê? Pior ainda, Deus ia se parecer com o quê? A verdade o tempo todo era que Deus não precisava se preocupar com o que ia se parecer ou arranjar um jeito de fazer as coisas darem certo. O Senhor não precisa que arrumemos desculpas para Ele quando seus filhos simplesmente tomam a *decisão* de crer, quer se sintam seguros ou não. Nossas emoções não têm de ditar nossas escolhas.

Podemos escolher crer e caminhar na fé com nossa cabeça bem erguida e com nossa confiança certa. Joyce Meyer concorda:

> Nem sempre sinto vontade de ser legal e agradável, mas posso escolher ser para honrar Deus. Vivemos para sua glória, não para o nosso próprio prazer. Ter medo das coisas não glorifica a Deus. Ele quer que vivamos agressivamente, estejamos vivas

e enfrentemos cada dia com coragem. Como quaisquer pais se sentiriam se seus filhos acordassem de manhã e dissessem que eles temiam e estavam assustados com o dia que os pais haviam preparado para eles? Lógico, eles se sentiriam péssimos. Deus é um pai — Ele é nosso pai.[1]

Somos lembrados em Salmos 118:24: "Este é o dia em que o SENHOR agiu; alegremo-nos e exultemos neste dia". Este dia tem tesouros que temos de descobrir. Encontraremos os tesouros da verdade e os tesouros da presença de Deus e escolhermos procurar por eles. Se atravessarmos o dia cabisbaixas, perderemos os tesouros. Perderemos sua presença. Perderemos sua segurança. E com certeza perderemos a chance de regozijar e ser feliz.

PELO SANGUE

Se as únicas coisas que focamos é na desgraça e na tristeza que nossa atual circunstância traz, então vamos afundar na lama. A lama vai embaçar nossa visão, desvirtuar nosso foco e nos fazer esquecer que o sol ainda brilha lá em cima. Se fizermos, porém, a escolha de regozijar e continuar olhando para cima, quando encontramos a inevitável poça de lama, nossos sapatos até podem ficar um pouco sujos, mas isso não vai afetar o modo como vemos a vida.

O dia do nosso caso no tribunal foi mais tranquilo do que eu esperava. Embora minhas mãos estivessem trêmulas, meu coração estava confiante. Eu sabia que Deus tinha ido à nossa frente e resolveria tudo, independentemente de como o juiz julgasse.

Nossa acusadora apresentou a sua versão dos fatos, e nós apresentamos a nossa. Ficamos gratos pelo juiz ter encerrado o caso.

---

[1]Joyce Meyer, *In Pursuit of Peace* (New York: Warner Faith, 2004), p. 56.

No momento em que o juiz disse "Está encerrado", uma linda imagem surgiu em minha mente. Um dia Jesus estará em pé entre nós e nosso pecado, e pelo seu sangue derramado na cruz, ouviremos: "Caso encerrado". Esse dia será glorioso!

Meu coração estava regozijando nessa verdade enquanto eu me virava para sair da sala do tribunal. De repente, algo estranho chamou minha atenção e literalmente tirou o meu fôlego. Foi um rastro de gotas de sangue que saía da sala por todo caminho até os dois corredores e até a porta da frente do tribunal. (Pelo visto, algum homem teve um sangramento nasal. Que Deus o abençoe, senti-me mal pelo fato de ele ter sido a pessoa que forneceu o sangue e, com isso, me permitiu ter essa imagem maravilhosa!) O sangue desse homem fez-me pensar no sangue que Jesus derramou e no fato de que o seu sangue nos conduz para fora e adiante com total segurança. O sangue não pôde ser negado naquele dia. Era real. Eu tinha que passar por ele. Art teve de passar por ele e, sim, até nossa acusadora teve de passar. Não há outro caminho exceto pelo sangue.

O SOFRIMENTO TEM UM PROPÓSITO

Foi quando entendi por que Deus permitiu essa questão do lote acontecer. Romanos 8:17 narra: "Se somos filhos, então somos herdeiros; herdeiros de Deus e coerdeiros com Cristo, se de fato participamos dos seus sofrimentos, para que também participemos da sua glória". Foi um modo pequeno de identificar e alinhar nosso coração com Jesus. E no grande esquema das coisas, esse era um pequeno modo de sofrer. Mesmo se o julgamento do tribunal tivesse ido para outro caminho, ainda assim teria sido um pequeno modo de sofrer.

Mais tarde, uma amiga minha acrescentou uma perspectiva. Estava contando sobre o dia que o xerife veio até minha porta e como foi horrível. Continuei até que ela fez uma simples pergunta: "Lysa, você sabe o que aconteceu em minha vida a última vez que um xerife bateu à minha porta?"Eu não sabia o que responder. A resposta dela eliminou minha festinha patética: "Ele estava vindo dizer que meu pai tinha cometido suicídio. Você sabe quantas pessoas lá fora hoje tiveram a visita de um xerife? Posso quase garantir que a maioria trocaria imediatamente a visita que teve com a sua.

Que humilhante. Que real. Sim, vamos sofrer nesta vida. Alguma coisa pode estar fazendo você sofrer neste exato momento, mas o sofrimento tem um propósito e você não está sozinha. Jesus está bem ao seu lado para confortá-la de um jeito que só Ele é capaz, pois Ele sabe como é o sofrimento real.

Não podemos sequer começar a imaginar o jeito que Jesus sofreu por nós. Até mesmo nossos piores sofrimentos não podem ser comparados ao tomar o pecado do mundo em seu corpo, ser pregado numa cruz e morrer por quem estava batendo, cuspindo, zombando e matando-o. Nem podemos comparar nosso sofrimento com Deus entregar seu único Filho para que tudo isso acontecesse, pois Ele, seu Pai, teve de dar as costas e abandoná-lo. Mesmo assim, Ele fez tudo isso para que pudéssemos compartilhar de sua glória. Temos apenas de sofrer pouco, comparativamente falando, mas iremos compartilhar de sua glória de um modo grandioso.

RENOVADA, DIA APÓS DIA

Sim, de fato, não há outro caminho exceto pelo sangue. Esse caminho manchado de sangue é o caminho que Deus fez.

Pelo sangue de Jesus, podemos ser salvas, curadas, ensinadas e ser parte da glória eterna que nem sequer podemos imaginar. 2Coríntios 4:16-17 garante: "Por isso não desanimamos. Embora exteriormente estejamos a desgastar-nos, interiormente estamos sendo renovados dia após dia, pois os nossos sofrimentos leves e momentâneos estão produzindo para nós uma glória eterna que pesa mais do que todos eles".

Todas as partes desse versículo são reais para mim. A parte da glória eterna é real. A parte da renovação é real. A parte do sofrimento é real. E tenha certeza, a parte do dia após dia é bem real. Essa jornada é o meu cotidiano. Dias bons e ruins, e todos os outros também, são reais para mim. Alguns dos comentários que recebo é como se as pessoas achassem que levo uma vida muito encantada. Confie em mim, minha vida é *tão* sem encanto! Minha vida é bem parecida com a sua.

Fico irritada com quem mais amo. Fico frustrada com os outros motoristas na estrada, principalmente aqueles que buzinam para mim porque dirijo feito a loira do banheiro. Pego-me subindo na balança só para me dar uns tapas por eu não ser mais autodisciplinada. E estou sempre prometendo ser mais organizada, mas continuo trocando as listas que minhas amigas organizadas me incentivam a fazer. Não, a vida não é encantada no território TerKeurst mais do que é no seu.

No entanto, sinto Deus apesar das minhas circunstâncias e fracassos. Eu o vejo. Eu o ouço. Sei que Ele está sempre perto. Não por que sou mais especial ou mais espiritual. Eu o sinto por que escolhi senti-lo. Faço escolhas todos os dias de buscá-lo, ouvi-lo e conhecê-lo. Ainda que o mundo me atraia para servir deuses insignificantes, no fundo do meu coração, escolho o Senhor.

UM CORAÇÃO ABERTO

A decisão deve tomado do fundo do nosso coração — não do coração físico, mas do nosso interior como um todo. Nossos pensamentos, emoções, intelecto e espírito, tudo se une para formar esse belo coração espiritual dentro de nós. A Bíblia tem muito a dizer sobre o coração. Ele é mencionado mais de mil vezes na Palavra de Deus. Aqui estão alguns dos meus versículos favoritos a respeito do coração:

- "Sirva ao SENHOR, ao seu Deus, de todo o seu coração e de toda a sua alma" (Deuteronômio 10:12).
- "[...] voltar-se para o SENHOR de todo o coração" (1Samuel 7:3).
- "[...] nele o meu coração confia [...]" (Salmos 28:7).
- "Faze com que saibamos como são poucos os dias da nossa vida para que tenhamos um coração sábio" (Salmos 90:12, NTLH).
- "Confie no SENHOR de todo o seu coração [...]" (Provérbios 3:5).
- "[...] Ele os fortaleça no íntimo do seu ser com poder, por meio do seu Espírito, para que Cristo habite em seus corações [...]" (Efésios 3:16-17).

Para tomar a decisão de sentir Deus, você deve ter um coração aberto para Ele. Quando nos esquecemos de ser renovadas dia a dia ao buscar e ouvir Deus, perdemos nossa perspectiva eterna, ficamos amarradas aos problemas atuais e fechamos nosso coração para Ele.

Um coração fechado simples e tragicamente se esquece de Deus.

Embora eu possa ser insuficiente em muitas áreas da minha vida, não vou fechar meu coração para Deus. Vou regozijar em crer de verdade nele. O propósito dessa fase será então cumprido quando eu souber que Ele é real demais para ser negado. Em cada circunstância que enfrento, sei que Deus dá um jeito, não por que a vida é sempre as mil maravilhas, mas por que escolhi senti-lo tantas vezes para viver de qualquer outra maneira. Que assim seja com você também.

ESTUDO BÍBLICO PESSOAL

1. Leia Isaías 29:13 e Mateus 15:8.

Essas duas passagens relatam sobre seguir uma religião baseada em regras e normas sem comprometer nosso coração com o Senhor. Honrar Deus com nossa boca, só falando sobre o cristianismo, é uma coisa. Honrá-lo com nosso coração ao entrar num relacionamento com Ele é outra coisa totalmente diferente.

2. Leia 1Samuel 3:20.

Deus promete que se nós o honrarmos, Ele vai nos honrar. Podemos honrar o Senhor de várias maneiras. Listei abaixo algumas maneiras principais para honrar a Deus. Leia cada versículo para si mesma e escreva formas específicas que você pode aplicar à sua vida enquanto honra a Deus.

- Salmos 50:23: podemos honrá-lo com nossa gratidão.
- Efésios 5:21-33: podemos honrá-lo sendo sua noiva ao nos rendermos a Ele e ao respeitá-lo.

- Salmos 91:15: podemos honrá-lo clamando por Ele, fazendo da comunicação parte do nosso relacionamento diário com Ele.
- João 14:23-24: podemos honrá-lo ao obedecer aos seus mandamentos.

Provérbios 8:17 narra: "Amo os que me amam, e quem me procura me encontra". Busque Deus de todo o coração, e não fique satisfeita com simplesmente falar da boca para fora que tem um relacionamento com Ele.

3. Leia Lucas 11:28, João 13:17 e Tiago 1:22-25.

Essas passagens ressaltam três elementos principais: ouvir a Palavra de Deus, fazer o que ela diz e, como resultado, receber uma bênção. Não é interessante como ocorre essa sequência de eventos? Essas passagens descrevem ouvir a Palavra ao assimilá-la, permitindo-a agir dentro de você e, então, usar o que aprendeu para beneficiar os outros e promover o reino de Deus. Jesus veio para servir-nos como um exemplo vivo que temos que seguir em nossa vida. À medida que servimos quem está perto de nós — nosso marido, filhos, pais ou até mesmo quem consideramos ser desagradável — Jesus tem bênçãos reservadas para nós. Assim como não podemos simplesmente seguir uma religião sem um relacionamento, não podemos ouvir a Palavra sem colocá-la em prática. Não se permita ter olhos que não veem e ouvidos que não ouvem. Não viva essa vida com o coração fechado. Tome medidas hoje para viver sua fé de uma maneira que impacta quem está ao seu redor. Escreva uma maneira que Deus está lhe conduzindo para tornar-se uma agente da Palavra. Comprometa-se em oração diante do Senhor para tomar essa atitude hoje.

4. Leia Hebreus 3:20-21.

Compartilhei neste capítulo sobre o sangue pelo qual tivemos de passar enquanto saíamos do tribunal e o lembrete visual poderoso que aquilo foi para mim. Esse versículo narra que por meio do sangue expiatório de Jesus, somos capacitadas com tudo de que precisamos para fazer sua vontade. Por meio de Jesus, Deus proveu completamente tudo de que precisamos e fez-nos prontas para viver nossa fé ativamente, de acordo com seus planos e propósitos para nós. Não precisamos nos preocupar com nossas habilidades ou limitações quando sabemos que já temos tudo pelo sangue de Jesus. Quais inadequações inibem você de avançar e agir por fé? Liste-as em seu caderno e, enquanto desenha uma linha entre cada uma, agradeça a Deus hoje por cobrir todas elas por meio de Jesus Cristo. A Ele a glória para sempre e sempre. Amém.

CAPÍTULO DOZE

APRENDENDO A LIDERAR

Deus está lhe chamando para correr atrás do sonho dele para você e parte desse sonho é liderar. À medida que buscamos crer em Deus como nunca antes, vamos dar uma série de exemplos a serem seguidos pelos outros. Nunca me vi como uma líder até que Deus revelou para mim que, eu gostasse ou não, as pessoas estavam observando e copiando minha vida. Se você está influenciando pessoas, você é uma líder. Você pode não estar diante de multidões ou nem ser a próxima Ana Paula Valadão, mas de algum modo, Deus usará você para liderar outros por meio da sua influência na vida deles. Você não só crê em Deus, mas também crê no chamado divino para sua vida?

Talvez sua reação a essa revelação seja parecida com a de Moisés!

"Não consigo _____ bem!"

"Moisés, porém, respondeu a Deus: 'Quem sou eu para apresentar-me ao faraó e tirar os israelitas do Egito?'" (Êxodo 3:11).

Com muitas palavras, dizemos para Deus: "Não sou capaz. Não tenho estudo suficiente. Não tenho idade suficiente. Sou muito velha. Não tenho boa saúde. Não sou a mais esperta. Não sou corajosa o suficiente. Não sou ousada o suficiente. Não sou muito organizada". E assim por diante continuamos com desculpas.

E se os outros me rejeitarem?

"Moisés respondeu: 'E se eles não acreditarem em mim nem quiserem me ouvir e disserem: 'O Senhor não lhe apareceu'?" (Êxodo 4:1).

A quem estamos mais preocupadas em agradar: Deus ou os outros? Não somos responsáveis por controlar como os outros agem e reagem. Somos apenas responsáveis por fazer o que Deus diz para fazermos. Com certeza, devemos ouvir conselhos sábios e piedosos. Mas colocando nossa agenda e desejos de lado, devemos, primeiro, nos achegar a Deus em sua Palavra e, em oração, passar tempo ouvindo o Senhor.

E se eu estragar tudo?

"Ó Senhor, eu nunca tive facilidade para falar, nem antes nem agora, depois que começaste a falar comigo. Quando começo a falar, eu sempre me atrapalho" (Êxodo 4:10, NTLH).

Como já vimos anteriormente, uma coisa era verdade sobre cada um dos heróis da Bíblia: cada um deles estragou tudo. Mas eles escolheram não se afundar na lama dos seus erros. Pelo contrário, mantiveram um coração sensível a Deus. Precisamos ser como Davi, que é o único que o Senhor já chamou de o homem segundo o coração de Deus. Quando estragou tudo, ele clamou: "Cria em mim um coração puro, ó Deus, e renova dentro de mim um espírito estável. Não me expulses da tua presença, nem tires de mim o teu Santo Espírito. Devolve-me a alegria da tua salvação e sustenta-me com um espírito pronto a obedecer. Então, ensinarei os teus caminhos aos transgressores, para que os pecadores se voltem para ti" (Salmos 51:10-13).

Deus vai revelar para nós não só quando estragamos tudo, mas como voltar para Ele se buscarmos constantemente um coração puro. É fácil? Não, é extremamente difícil ficar face a face com nosso pecado e admitir nossos fracassos. É por isso que Davi teve de pedir por um "espírito pronto". Mas percebeu o belo resultado? Deus vai redimir nossos fracassos! Deus vai pegar nossos erros, que Satanás intencionava para nossa derrota, e usar a situação para glória do Senhor. As pessoas, que estão presas no mesmo pecado que você, vão encontrar o caminho de volta para Deus ao ouvir seu testemunho.

DEUS USA GENTE INADEQUADA

A verdade é que Deus já lhe deu um lugar de influência, e você é a pessoa certa para o trabalho. Deus também chama gente inadequada. Ele pode agir por meio delas e pode receber a glória que é somente dele. Quando você sente Deus agindo por meio de você apesar das suas limitações humanas, sua confiança nele e nas habilidades divinas aumentam mais do que nunca. Deus raramente usa pessoas que parecem ser perfeitas. Ele usa gente imperfeita.

Conheço o tipo de "gente perfeita" da qual estou falando. Todas nós já tivemos em nossa vida pessoas que pensam ser especialistas em cada assunto que surge. Até nós agimos assim de vez em quando. A Bíblia classifica essa atitude como "obstinado", que é uma descrição de ser iludido e insensível. 2Crônicas 30:8 relata: "Portanto não sejam obstinados como seus antepassados; submetam-se ao SENHOR".

Pense nessa descrição. Uma pessoa obstinada tem um dos dois problemas: ou ela se recusa a erguer a cabeça ou abaixá-la.

Se somos muito orgulhosas e achamos que sabemos tudo, somos obstinadas, pois nos recusamos a abaixar a cabeça e admitir nosso erro. Se somos muito inseguras, somos obstinadas, pois nos recusamos a olhar para as possibilidades que Deus coloca perto de nós. A cura para ambos os casos é a submissão a Deus — que significa render nossos pensamentos, emoções, medos e vontades a Ele.

A CURA PARA A OBSTINAÇÃO

Moisés venceu sua atitude obstinada e as emoções inadequadas ao caminhar em obediência a Deus. Passo a passo, ele começou a obedecer a Deus e finalmente tornou-se o líder que o Senhor sabia que ele podia ser. Em Deuteronômio 10:12-16, Moisés dá aos filhos de Israel uma descrição do que Deus espera de nós:

> "E agora, ó Israel, que é que o SENHOR seu Deus pede de você, senão que tema o SENHOR, o seu Deus, que ande em todos os seus caminhos, que o ame e que sirva ao SENHOR, ao seu Deus, de todo o seu coração e de toda a sua alma, e que obedeça aos mandamentos e aos decretos do SENHOR, que hoje lhe dou para o seu próprio bem? Ao SENHOR, ao seu Deus, pertencem os céus e até os mais altos céus, a terra e tudo o que nela existe. No entanto, o SENHOR se afeiçoou aos seus antepassados e os amou, e a vocês, descendentes deles, escolheu entre todas as nações, como hoje se vê. Sejam fiéis à sua aliança em seus corações, e deixem de ser obstinados."

Na verdade, todas nós temos inclinações obstinadas. Antes de as vencermos, temos de ser féis à aliança do Senhor em nosso coração. Os homens egípcios foram circuncidados cirurgicamente. Moisés aprendeu a extrema importância desse conceito quando quase perdeu sua vida por seu próprio filho não ter sido circuncidado em tempo oportuno. Deus podia não ter feito Moisés ser o libertador do povo até que a exigência da circuncisão tivesse sido cumprida, e o mesmo é verdadeiro para nosso coração também ser circuncidado. O ato físico da circuncisão dá-nos uma ilustração da verdade espiritual. Um certo comentário de uma Bíblia de estudo inclui esta nota:

> Mas Deus queria que eles fossem além da cirurgia para entender o significado. Eles precisavam se sujeitar a Deus no interior, no coração, e também no exterior, em seus corpos. Assim, eles podiam começar a imitar o amor e justiça de Deus em seus relacionamentos com os outros. Se nosso coração está correto, então nosso relacionamento com os outros também pode ser corrigido. Quando seu coração for purificado e você se reconciliar com Deus, você começará a ver diferença no modo como trata os outros.[1]

AÇÕES E REAÇÕES

Para ser a líder que Deus deseja que você seja, é preciso não só de crer no chamado divino para sua vida, mas também crer que as pessoas liberadas por você são preciosas e dignas de ser honradas. Moisés aprendeu a ser um *bom* líder ao caminhar em obediência a Deus. Moisés tornou-se um *grande* líder ao ser coerente o suficiente com seus hábitos de obediência, de modo que eles se tornaram as reações naturais de seu coração. A maneira para ser uma *boa* líder é fazer com que suas *ações* reflitam Deus reinando em você, mas para ser uma *grande* líder é preciso fazer com

---

[1]*Life Application Study Bible,* New International Version (Wheaton, Illinois: Tyndale Casa Editora, 1988), p. 269-97.

que suas *reações* reflitam Deus reinando em você. Conseguiu compreender? As suas reações são o segredo. Podemos facilmente escolher agir em obediência ao Senhor e honrar os outros em tempos de pouco estresse. Posso ser a melhor mãe do mundo sentada quieta na biblioteca lendo livros sobre educação parental enquanto meus filhos estão em casa com a babá. O teste real é quando vou para casa e acontece alguma coisa para elevar o grau do estresse. Como vou reagir? A reação é a verdadeira prova de fogo que revela a condição do meu coração. Minhas reações me permitem saber se minha crença em Deus e em sua capacidade de me esculpir e moldar é real ou não. Lembre-se: o propósito da fase de crer é levá-la ao lugar aonde sua experiência com Deus é real demais para negar.

Nada fará Deus ser tão real para você ao vê-lo mudar o seu caráter. Não mudar *quem* você é — sua personalidade, sua força e suas habilidades —, mas *como* você é — o seu caráter. Gosto do que a Bíblia de Estudo Aplicação para a Vida traz em seu comentário a respeito de Moisés:

> Em Moisés, podemos ver uma personalidade excepcional moldada por Deus. Mas não devemos interpretar mal o que Deus fez. Ele não mudou quem ou o que Moisés era; Ele não deu a Moisés novas habilidades e força. Em vez disso, Ele pegou as características de Moisés e moldou-as até que elas fossem adequadas aos seus propósitos. Saber a respeito desse fato faz a diferença em seu entendimento do propósito de Deus na sua vida? Ele está tentando buscar aquilo que Ele criou a princípio e usar segundo sua vontade.[2]

---

[2]*Life Application Study Bible*, p. 127.

MOISÉS E AS FASES DE FÉ

Moisés lutou com ambas as coisas, suas ações e reações. Deus o ensinou a obedecer ao deixá-lo viver com as consequências da sua desobediência. Seu tempo no deserto depois de assassinar um egípcio agressivo provou ser valioso. Ele teve de deixar os confortos do palácio que tinha crescido (fase um) e suportar uma experiência de escassez ao se tornar um reles pastor (fase dois) para chegar ao lugar onde ele podia aprender de verdade a crer (fase três). Esse é um outro exemplo de Deus pegar uma situação ruim e usá-la para o bem. Viver no deserto, pastorear um rebanho, e aprender a ouvir Deus preparou Moisés para o papel que ele estava destinado a desempenhar. E preparou-o para atravessar as duas próximas fases da morte e ressurreição.

Essas são algumas das muitas experiências que Deus usou para transformar Moisés no homem que Hebreus 11:24-27 descreve:

> Pela fé Moisés, já adulto, recusou ser chamado filho da filha do faraó, preferindo ser maltratado com o povo de Deus a desfrutar os prazeres do pecado durante algum tempo. Por amor de Cristo, considerou a desonra riqueza maior do que os tesouros do Egito, porque contemplava a sua recompensa. Pela fé saiu do Egito não temendo a ira do rei, e perseverou, porque via aquele que é invisível.

Oh, tomara que essas sejam as palavras ditas sobre mim quando eu morrer!

CRER OU MURMURAR?

Quando considero todas as lições que Moisés teve de aprender, a experiência com que mais aprendo é aquela que impediu Moisés de entrar na Terra Prometida. Essa cena parte meu coração, mas vale a pena estudá-la por causa das ricas verdades espirituais que demonstra. Os filhos de Israel saíram do Egito há 40 anos. A maioria da primeira geração tinha morrido, e só permaneceram os filhos e netos. Moisés, Arão, Josué e Calebe entravam entre os remanescentes. Infelizmente, os filhos de Israel estavam cantando a mesma ladainha murmuradora: "Por que vocês trouxeram a assembleia do Senhor a este deserto, para que nós e os nossos rebanhos morrêssemos aqui? Por que vocês nos tiraram do Egito e nos trouxeram para este lugar terrível? Aqui não há cereal, nem figos, nem uvas, nem romãs, nem água para beber" (Números 20:4-5, NVI).

A maioria desses israelitas jamais tinha provado pessoalmente um figo, uva ou romã. Eles só conheciam a vida no deserto. Tudo o que sabiam sobre o que sentiam falta foi o que aprenderam de seus pais desobedientes e murmuradores. Esses pais tinham muitas histórias que podiam ter compartilhado para lembrar constantemente seus filhos sobre a fidelidade de Deus. Ao invés disso, as atitudes negativas consumiram o coração deles. Então, de modo trágico, é o que transmitiram para seus filhos. É o que, pelo jeito, mais entristeceu Moisés quando ele se prostrou diante do Senhor e lhe perguntou o que fazer.

A DESOBEDIÊNCIA DE MOISÉS

"E o Senhor disse a Moisés: 'Pegue a vara, e com o seu irmão Arão reúna a comunidade e diante desta fale àquela rocha, e ela verterá água" (Números 20:7-8).

Em Êxodo 17, Deus tinha instruído Moisés a bater na rocha e saiu água. Mas dessa vez era só para Moisés falar à rocha. Deus estava ensinando o povo fazer o que Ele ordena, mesmo que não faça sentido, e observá-lo manter suas promessas. Em Josué 6, as muralhas de Jericó caíram com os gritos da multidão. Portanto, Números 20 registra um momento crucial que podia ter provado ao povo que Deus pode usar as vozes — Ele pode trazer água de uma rocha ou, como veriam mais tarde, fazer as muralhas caírem. Moisés, no entanto, em sua frustração e má reação à murmuração do povo, desobedeceu ao Senhor. Em vez de falar à rocha, ele a golpeou duas vezes. A água saiu, mas também saiu a punição severa de Deus para Moisés.

> "O Senhor, porém, disse a Moisés e a Arão: 'Como vocês não confiaram em mim para honrar minha santidade à vista dos israelitas, vocês não conduzirão esta comunidade para a terra que lhes dou'" (Números 20:12, NVI).

Podemos esperar que esse ponto da história seja cheio de grande choro e ranger de dentes; mas não temos registro de nenhum tipo de reação negativa. Nenhuma súplica por misericórdia, nenhum clamor por uma "segunda chance", nenhuma petição por exceção, nenhum anseio por um "isso não é justo" — nada. A reação de Moisés parecia finalmente ter sido moldada e esculpida para refletir o reino de Deus nele.

MOISÉS E A PROMESSA

Moisés nunca adentrou fisicamente na Terra Prometida, mas vale a pena observar dois pontos adicionais. Primeiro, Moisés desejava a presença de Deus mais do que desejava adentrar na Terra Prometida. Em Êxodo 33:18-23, o desejo secreto de Moisés de ver Deus se realiza. Embora ele só pudesse ver suas costas, todavia ele tinha visto Deus. Uma vez visto Deus, o resto ficou incomparável. Talvez esse seja por isso que ser excluído da Terra Prometida pareceu não incomodá-lo. Moisés manteve o foco e continuou liderando o povo. Minha carne teria sido tentada a deixar esses israelitas chatos de galochas se defenderem sozinhos no deserto enquanto isso eu viveria o restante dos meus últimos dias amuada debaixo de uma rocha por aí. Moisés, porém, não reagiu de acordo com sua carne. Ele permaneceu fiel e verdadeiro. Ele findou sua missão de modo altruísta. Hebreus 11:27 recorda-o como aquele que "perseverou porque via aquele que é invisível".

O segundo ponto é que, após muitos anos da morte de Moisés, ele aparece com Jesus no monte da Transfiguração, o qual está localizado na Terra Prometida. "Naquele mesmo momento apareceram diante deles Moisés e Elias, conversando com Jesus" (Mateus 17:3). Conseguiu compreender? Moisés estava na Terra Prometida, conversando com Jesus. Quando ele desejou ver Deus anteriormente, pôde somente ver suas costas, mas agora ele o vê face a face. Que precioso da parte de Deus dar-nos esse lindo lembrete de que Ele sempre se manifesta para nós. Ele deseja que nosso sonho se torne realidade mais do que nós. Ele tem tudo planejado e mesmo se as coisas não parecem se resolver desse lado da glória, nem sequer podemos imaginar como será extraordinária a eternidade. "Olhos nenhum viu, ouvido nenhum ouviu, mente nenhuma imaginou o que Deus preparou para aqueles que o amam" (1Coríntios 2:9).

Minha amiga, oro para que ao longo dessa caminhada com Deus rumo ao seu sonho, sua grande alegria seja ver e sentir Deus, pois essa é a alegria real de toda essa aventura!

ESTUDO BÍBLICO PESSOAL

1. Leia Êxodo 2:1-10, Atos 7:20-22 e Hebreus 11:23.

Deus, os pais de Moisés e a filha de Faraó, todos viram que ele não era uma criança comum. De fato, ele foi o libertador escolhido de Deus, elevado como líder de Israel. Embora a filha de Faraó não soubesse no momento, ela estava participando do plano de Deus por uma criança especial. Só Deus pode fazer Moisés viver no palácio do mesmo homem que estava tentando matá-lo! Devido à sua criação no palácio, Moisés teve a melhor educação e os melhores recursos da época. Ele entendia a cultura egípcia por dentro, o que lhe deu uma perspectiva diferente de qualquer outro israelita de sua época. O único item que faltava a Moisés em sua criação egípcia era uma caminhada íntima com Deus. Os 40 anos que Moisés passou no deserto deu a Deus tempo suficiente para remediar a situação.

Enquanto Moisés servia como pastor e vivia como um exilado do seu povo, Deus agiu em seu coração. Ele usou o tempo de Moisés no deserto para aperfeiçoar seu caráter, fazendo sua preparação completa. No deserto, Deus revelou seu plano para Moisés. O plano de Deus para cada uma de nós inclui uma preparação exclusiva para nossa missão específica. O que Deus preparou para você? O que Ele está preparando para você agora? Deus está falando com você nesse tempo de deserto? Ele está preparando seu coração para algo bem maior de tirar o fôlego? Deus deu o exemplo de Moisés para garantir que Ele está operando um plano em nossa vida mesmo quando não conseguimos vê-lo.

Moisés tornou-se um homem de influência porque Deus o preparou com antecedência.

No seu caderno, escreva algumas verdades que você aprendeu dos seus tempos de deserto. Como Deus está usando essas verdades para prepará-la?

2. Leia Êxodo 4:10-17, Eclesiastes 4:10 e Marcos 6:7.

Quando Moisés deu desculpa atrás de desculpa para o Senhor, Deus respondeu colocando-o com Arão, seu irmão, para falar por ele. Deus reconheceu a necessidade de Moisés por um companheiro que iria encorajá-lo e incentivá-lo no seu chamado. Também lemos que Jesus enviou seus discípulos "de dois em dois". Obviamente, Deus entende que precisamos de gente em nossa vida para ficar ao nosso lado e torcer por nós em nosso chamado. Deus proveu-lhe com uma amiga, cônjuge ou parente que a incentiva em sua caminhada e ora por você? Agradeça a Deus por essa pessoa hoje. Se há algo de que você sente falta, pode pedir a Deus para prover tal indivíduo para você. Acima de tudo, lembre-se de que Deus já lhe deu um "amigo mais apegado que um irmão" (Provérbios 18:24). Passe um pouco de tempo hoje agradecendo a Deus por ser seu amigo.

3. Leia Êxodo 4:19-20 e Jeremias 10:23.

Uma vez que Moisés confiou totalmente em Deus e venceu seu medo, ele voltou para o Egito. Deus garantiu-lhe que ele estaria seguro em suas viagens, e Moisés avançou em sua jornada de fé passo a passo. Às vezes, parece que nossos passos são como os de um bebê, e perguntamo-nos se estamos chegando a algum lugar. Tudo o que Deus nos pede é para dar passos de obediência e deixar que Ele cuide do resto. Qual passo Deus está lhe pedindo para dar? Não se preocupe para onde a jornada vai levá-la. Confie em Deus conforme você dá cada passo. Cuide do possível e deixe o Senhor cuidar do impossível.

FASE QUATRO

Morte

CAPÍTULO TREZE

A MORTE NÃO SIGNIFICA DERROTA

A terceira fase da caminhada de fé, o tempo belo de crer em Deus como nunca antes, é um tempo maravilhoso em que podemos esperar continuar eternamente. Mas Deus tem mais para ensinar, e devemos estar dispostas a adentrar em uma outra fase de crescimento. Surpreendentemente, a quarta fase é chamada de Morte. Mas não deixe que o nome a desanime. A morte ocasiona uma nova vida que não pode ser encontrada de outra maneira. De fato, a morte não significa derrota.

Fui para a universidade para obter um diploma, mas não era tudo o que eu desejava. A colação que eu queria de verdade não era de bacharel ou de mestre, mas a de senhora. Eu tinha tudo planejado, é sério. Eu iria encontrar o Sr. Maravilhoso, iríamos nos apaixonar, namorar ao longo da universidade, ficar noivos no último ano e nos casar uma semana depois da graduação. Então, logo no primeiro dia no campus, analisei cada multidão procurando por *ele*. Fui discreta nesse sentido e joguei duro para conseguir, mas eu mentalmente interrogava cada rapaz que conhecia para discernir se ele podia ou não ser o escolhido.

Eu não o descobri até me tornar estudante do segundo ano, mas no momento em que coloquei meus olhos nele pela primeira vez, fui fisgada. Ele era alto, moreno, bonitão e a estrela do time de futebol americano. Ele estava nos *outdoors* pela cidade e nos pôsteres por todo o campus. E ele era superesperto. Graduando-se em física, ele tinha uma média das notas de 10,0. Embora eu nunca tivesse desfilado pelos corredores do prédio de ciências, me inscrevi em uma matéria de lá. Então, reprovei na minha primeira prova e de repente eu estava desesperada por um professor particular. Que lindo plano para encontrá-lo diariamente!

Para proteger a identidade dele, vamos chamá-lo de Flicktoid, ou Flick, para resumir. Logo, nossas aulas tornaram-se cada vez menos sobre física e mais sobre a química que estava rolando entre nós. Larguei as aulas, mas o relacionamento estava florescendo e continuou muito depois da física ter sido esquecida.

A GRANDE SURPRESA

Namoramos por todo o resto do curso da universidade. Eu preenchia as páginas do *scrapbook* que um dia seria um tesouro para mostrar aos nossos filhos. Eu imaginei os rostos das minhas versões em miniatura e das dele, todos juntos ao redor da mesa da cozinha, olhando com alegria enquanto eu recontava nosso romance. *Aqui está uma pétala da primeira rosa que papai me deu. Oh, e aqui uma foto de um baile de formatura que fomos nas montanhas. E vejam, o time de futebol americano do papai venceu o campeonato nacional naquele ano. Que estrela ele era! Aqui está mamãe torcendo por ele na arquibancada. Eu ia a todos os jogos.*

Flick graduou-se um ano antes de mim e continuou numa outra universidade que ficava há quatro horas de distância. Continuamos namorando, e à medida que minha colação de grau se aproximava, minha expectativa aumentava. Tínhamos conversado sobre ficar noivos, e eu achava que a grande proposta podia acontecer a qualquer momento. Cada vez que nos víamos, eu imaginava que esse podia ser o grande dia. Mas o dia da graduação veio e se foi, e eu ainda não tinha nenhum anel de noivado.

Quando eu estava decidindo para onde me mudar após a graduação, ele me incentivou a conseguir um emprego perto da Universidade dele. Eu fui capaz de me mudar para apenas poucas horas de distância dele e eu tinha certeza de que isso era um bom sinal. Embora estivesse sozinha nessa nova cidade, eu era incentivada pelo fato de que faltavam apenas algumas semanas para o meu aniversário. Decidi que devia ser isso que ele esperava e afastei quaisquer dúvidas sobre o futuro.

Flick chegou atrasado para nosso encontro no dia do meu aniversário, reclamando de a viagem ser muito longa para um jantar. À medida que a noite avançava, outras pistas deviam ter me alertado que as coisas não estavam saindo como eu tinha esperado, mas minha atitude de Poliana apenas fez com que eu esperasse o melhor. Ao final do jantar, Flick empurrou a cadeira, segurou minha mão e olhou direto nos meus olhos. Oh, finalmente, chegou a hora!

Mas não era a hora que eu imaginava. Flick anunciou que tinha conhecido outra mulher. Ele mal tinha conseguido levantar meu queixo caído quando continuou: "E eu tenho mesmo de voltar. Você tem alguns trocados para me emprestar para a gasolina?". Eu estava em um estado de choque tão grande que não só paguei pelo meu próprio jantar de aniversário, mas também pela gasolina dele para voltar para sua nova namoradinha!

O POÇO

A história parece engraçada agora, mas naquele momento parecia pior que a morte. Eu estava tão sozinha! Tinha destruído toda a minha vida e planejado um futuro ao lado dele; agora, ele havia ido embora, junto com todos os meus grandes sonhos de se casar. Eu estava com raiva, magoada, deprimida e devastada. A rejeição desse homem em que confiei doeu profundamente. Levou-me a um poço sombrio de depressão. Eu não conseguia comer, dormir, nem sequer compreender como iria superar essa mágoa.

Eu me rastejei até a cama, cobri minha cabeça com o edredom e não me importava se eu jamais visse novamente a luz do dia. Embora minhas responsabilidades geralmente me fizessem sair da cama, eu apenas vivia de modo mecânico. Dentro do meu coração, eu estava debaixo daquele cobertor de trevas.

Em uma manhã de sábado, minha colega de quarto entrou no meu, segurando uma propaganda de jornal de uma igreja grande perto do nosso apartamento. Embora ela não frequentasse, me incentivou a ir e conhecer gente da minha idade. Ela gracejou: "Aquela igreja é tão grande, você pode até encontrar seu marido!".

Então, fui visitar aquela igreja grande no dia seguinte. Apesar de não ter encontrado um marido imediatamente, conheci algumas grandes amigas que me ajudaram a superar o término com Flick. E o mais importante: mudei minhas opiniões a respeito do que era mesmo relevante em um esposo. Quase um ano depois, um dos meus amigos do meu grupo de estudo bíblico apresentou-me ao homem mais bonito que já conheci... Bonito por fora, e melhor, bonito por dentro também. Nós nos tornamos amigos, mas eu esperava por mais em segredo.

SOMENTE O MELHOR

A essa altura — você adivinhou — Flick começou a me ligar de novo. As coisas não deram certo com a namoradinha, e ele afirmou reconhecer o quanto errou. Ele me queria de volta. Ele queria que nós ficássemos juntos de novo, para sempre. Ainda que não soubesse se o novo jovem por quem eu estava interessada iria me convidar para sair, eu sabia que estava em uma grande encruzilhada. Flick era tudo o que eu pensava que queria. Um ano atrás, eu teria dado tudo para tê-lo de volta — mas não agora. Eu tinha uma nova visão do que seria o amor. Meu novo interesse tratava-me com gentileza, incentiva-me em meu relacionamento com o Senhor e pagava a minha parte quando nosso grupo saía para comer fora — e nós nem sequer estávamos namorando!

Eu liguei para Flick e disse-lhe que tinha acabado, para o nosso bem. Nada do que ele pudesse fazer ou dizer mudaria o fato. Embora não houvesse nenhuma garantia de que qualquer coisa daria certo com o novo jovem da igreja, eu estava certa de que Deus não queria que eu me conformasse com menos do que o melhor.

Poucas semanas depois, o jovem da igreja finalmente me chamou para sair. Seu nome era Art TerKeurst... e oito meses depois, estávamos casados. Agora, eu devo dizer, nosso casamento nem sempre foi fácil. Hoje eu sei que todos aqueles anos de querer desesperadamente alguém para amar não eram clamores por um marido, mas sim por um Salvador. Minha alma ansiava por um relacionamento com o Senhor, embora meu coração estivesse enganado ao pensar que todos os meus erros seriam consertados com um esposo. Art, porém, suportava minhas tempestades emocionais e espirituais de um jeito que Flick jamais suportaria.

O CAMINHO DE DEUS PODE NÃO SER O CAMINHO MAIS CURTO

Art é o marido perfeito para mim. Deus sabia do que eu precisava bem mais do que eu. Agradeço ao Senhor por não ter atendido as orações para Flick e eu nos casarmos. Ter meu coração partido por ele foi uma das melhores coisas que já aconteceu comigo. Foi uma espécie de morte, mas não uma derrota. Era uma vitória disfarçada.

Boa parte da minha vida tem sido assim. As coisas que parecem ser a morte são, na verdade, o nascimento de algo bem melhor. Posteriormente nesta seção, aprenderemos muito sobre os filhos de Israel e a jornada para a Terra Prometida. Antes, porém, quero recapitular o dia inicial da libertação. Não foi quando eles saíram do Egito, foi o dia em que Deus os libertou radicalmente da perseguição dos seus carrascos.

Os filhos de Israel foram conduzidos por Deus, não pela rota mais curta, mas pela rota *ordenada*. Êxodo 13:21 relata: "Durante o dia o SENHOR ia adiante deles, numa coluna de nuvem, para guiá-los no caminho, e de noite, numa coluna de fogo, para iluminá-los, e assim podiam caminhar de dia e de noite". Deus estava com eles e garantia sua presença de formas visíveis. Mas eles chegaram a um ponto no êxodo do Egito que, embora soubessem que Deus estava lá, sentiram-se derrotados. Somente quando pensaram que tinham escapado dos egípcios, o exército de Faraó apareceu no horizonte, marcharam em direção a eles. "E, aterrorizados, clamaram ao SENHOR [...]. Antes ser escravos dos egípcios do que morrer no deserto" (Êxodo 14:10-12).

O CAMINHO DE DEUS É PERFEITO

Oh, como posso me identificar com a angústia e o total desânimo do povo! Eu também estava em um lugar estranho quando Flick terminou comigo. Eu não conseguia entender por que Deus tinha me trazido a esse lugar apenas para permitir que meu coração fosse partido. Mas se eu nunca tivesse me mudado para ficar mais perto de Flick, eu jamais teria conhecido o Art. não foi a rota mais curta ou fácil na minha opinião, mas foi a melhor rota de Deus, e sou grata por ter escolhido Ele. Se eu fosse deixada à minha própria opinião e planos, quem sabe onde eu estaria hoje.

Assim como Deus não me abandonou, ele também não abandonou os israelitas. Moisés respondeu ao povo: "Não tenham medo. Fiquem firmes e vejam o livramento que o SENHOR lhes trará hoje, porque vocês nunca mais verão os egípcios que hoje veem. O SENHOR lutará por vocês; tão-somente acalmem-se" (Êxodo 14:13-14).

No momento que eles pararam de se afligir, o Senhor começou a lutar. Ele disse aos israelitas para irem em direção ao mar. Moisés ergueu sua mão sobre o mar, e as águas se abriram, dando aos israelitas um caminho de fuga. Com uma coluna d'água à direita e à esquerda, o povo atravessou em terra seca. Quando Faraó os seguiu, o Senhor fez o mar se fechar sobre eles, e o exército egípcio pereceu naquele dia.

O mar diante deles pode ter parecido grande demais, muito perigoso, muito irremovível. O exército atrás deles era mortal, horripilante e aparentemente imparável. Mas o Senhor era maior do que o irremovível e mais forte do que o imparável. Israel não tinha como escapar, mas Deus abriu um caminho e deu um jeito. Ele não só deu um jeito como derrotou os egípcios; então, como o Senhor tinha prometido, Israel nunca mais viu de novo aqueles egípcios. Sua força era perfeita. Seu tempo era perfeito. Seu plano era perfeito.

A MORTE É DERROTADA

Assim também é com a nossa vida. A morte parece ser assustadora, mas não é para ser temida. À medida que você atravessa os tempos de morte em sua jornada de fé, tenha certeza de que Deus já derrotou a morte. "Portanto, visto que os filhos são pessoas de carne e sangue, ele também participou dessa condição humana, para que, por sua morte, derrotasse aquele que tem o poder da morte, isto é, o Diabo, e libertasse aqueles que durante toda a vida estiveram escravizados pelo medo da morte" (Hebreus 2:14-15).

Deus não só derrotou a morte, mas proveu a vitória por meio dela. Essa não é sua derrota; é o seu vale na sombra da montanha que sua alma anseia escalar — uma montanha de maior fé e maior intimidade com Deus que você jamais imaginou ser possível.

> Sempre tenho o SENHOR diante de mim. Com ele à minha direita, não serei abalado. Por isso o meu coração se alegra e no íntimo exulto; mesmo o meu corpo repousará tranquilo, porque tu não me abandonarás no sepulcro, nem permitirás que o teu santo sofra decomposição. Tu me farás conhecer a vereda da vida, a alegria plena da tua presença, eterno prazer à tua direita (Salmos 16:8-11).

Quando você morrer, seu corpo irá para o túmulo, mas você pode ter certeza de que com Deus sua alma jamais vai experimentar a derrota.

ESTUDO BÍBLICO PESSOAL

1. Leia Jeremias 23:23-24.

O Senhor não é um Deus distante, sentado em um trono bem longe. Ele é um Deus vivo e ativo — ciente de cada pensamento, cada necessidade, cada desgosto, cada morte em nossa vida. Devemos apenas clamá-lo, e Ele invadirá nossos lugares escuros e secretos cheios de vergonha e lágrimas e fará brilhar sua luz em nosso coração. Pouco a pouco, podemos conhecer seu amor e deixar com que sua esperança substitua nossa dor, assim podemos olhar adiante com nossa confiança enraizada nele. Em seu caderno, escreva uma oração curta pedindo para Deus ser bem real para você.

2. Leia Salmos 139:1-10.

Há dias em que tenho o que chamo de uma vida muito boa. É quando me sinto como no versículo 8: "Se eu subir aos céus, lá estás". Nesses dias, tenho comunhão com Deus e seu louvor está nos meus lábios. Então, há aqueles dias em que eu realmente fico irritada com a vida. Sinto-me desconectada de Deus como se minhas orações batessem no teto e voltassem para o meu colo. Davi termina o versículo 8 desta forma: "Se eu fizer a minha cama na sepultura, também lá estás". O Senhor está conosco nos dias de "Louvado seja Deus" e nos dias de "Quero me enfunar na cama com edredons cobrindo minha cabeça". Ele ainda está lá nos dias ruins, cantando para nós (Sofonias 3:17), enxugando nossas lágrimas (Isaías 25:8) e cuidando do nosso futuro (Jeremias 29:11).

Quando perdi meu amor lá da universidade, pensei que minha vida tinha acabado. Eu "fiz minha cama na sepultura" por um tempo, enquanto vivia o luto da perda. Eu não conseguia ver que o que eu pensava ser o fim era, na verdade, apenas o começo. Deus estava desenvolvendo seus planos para mim — eu só tinha de confiar nele. Você precisa confiar algo a Deus?

3. **Talvez Deus pareça estar** muito distante neste exato momento. Não acredite nessa mentira. Ele é um Pai muito presente, como as Escrituras narram. Escreva esses versículos em seu caderno e observe como Deus está ministrando pessoalmente a você por meio dos seguintes textos: Isaías 25:8; Jeremias 29:11; Zacarias 3:17.

4. **Leia Habacuque 1:5; Atos 13:26-41.**

O que é o "algo" que Habacuque diz que os judeus não acreditariam? Atos aplica esse versículo à morte, ao sepultamento e à ressurreição de Cristo — que aconteceram exatamente como os profetas previram. Gosto desse versículo em Habacuque e posso lhe dizer, com base nas várias vezes em que Deus fez as coisas acontecerem em minha vida, que não conseguia acreditar. Desde conhecer meu marido bonitão, presente de Deus, até palestrar e escrever livros como este, fico maravilhada com o que Deus tem feito, assim como diz o versículo. Agradeço a Deus pelo seu plano em minha vida e tenho aprendido a confiar nele a cada dia.

Pense na sua vida por um momento. Tente se lembrar de um tempo quando você pôde ver definitivamente Deus agindo em sua vida, ainda que naquele momento você imaginou que Ele tinha a esquecido. A morte não significava derrota lá nem significa agora. Escreva sobre esse tempo em seu caderno e ore a respeito de compartilhar sua história.

Se você não está lendo este livro em grupo, ore a respeito de compartilhar sua história com uma amiga.

5. **Talvez você queria orar Efésios 3:20-21** quando terminar esta parte do estudo. Passe algum tempo louvando a Deus de verdade por como Ele trouxe vitórias para a sua vida. Louve-o, pois, o poder que ressuscitou Jesus está agindo em nossa vida hoje! Escreva alguns dos seus louvores no seu caderno.

CAPÍTULO CATORZE

ATRAVESSANDO A DOR

Mary era uma mulher fantástica. Cada pessoa que ela tocava era mudada para melhor. De pequenas e grandes maneiras, Mary era uma mulher de graça, amor e influência carinhosa. Ser convidada para uma das festas de Mary era sempre o ponto alto de qualquer feriado. Seu objetivo era deixar seu dom de hospitalidade brilhar para a glória de Deus, e como brilhava! Embora ela sempre deixasse os convidados surpresos, seu objetivo não era impressionar as pessoas, mas amá-las. Seja numa simples reunião de família ou em uma grande festa de gala com muita gente, ela sempre fazia cada indivíduo se sentir especial e importante.

Então, você pode imaginar o quanto o cônjuge de Mary se sentia constantemente amado. Eles estão casados desde que Mary tinha 20 anos de idade, e eles eram loucamente apaixonados mesmo depois de 40 anos de casamento. Ken e Mary mudaram-se da minha rua há vários anos e sempre me inspiraram com seu amor, devoção e uma vida cheia de diversão. Sua casa amarelada era tão alegre por dentro quanto parecia ser por fora.

Quando Mary descobriu que tinha câncer, ela lidou com a notícia com a mesma postura alegre e atitude positiva que ela tinha lidado a vida toda. Ela e Ken lutaram juntos contra a doença e foram dois dos guerreiros mais corajosos que já testemunhei. Ele sempre estava ao lado dela. Ela sempre estava sorrindo.

Todos pensavam que, por outro lado, Mary venceria o câncer e sairia saltitando, mas não foi assim que aconteceu. Eles viajaram para Houston para participar de um programa de tratamento muito agressivo e mantiveram contato com a família e amigos por meio das postagens pela internet.

Eu não conseguia ler aqueles posts nos últimos dias de Mary sem chorar de soluçar. Quando ela partiu para o Senhor, senti como se o mundo inteiro pausasse por um minuto de tristeza enquanto seu raio de sol deixava este mundo. E lá estava Ken, sozinho. A mão que ele tinha segurado a maior parte da sua vida agora estava imóvel. O sorriso que tinha encontrado tanta alegria em ver agora se foi. A voz que tinha se alegrado em ouvir agora estava calada. Como atravessar tal sofrimento?

DESFRUTE A VIDA

Algumas semanas depois do almoço de funeral de Mary, fui até a casa de Ken quando eu e meus filhos estávamos almoçando fora. Ele estava sozinho. Perguntei se estava tudo bem com ele, e embora ele sorrisse, sua resposta partiu meu coração.

"O silêncio está me matando", admitiu ele.

Sem esperar, insisti que ele viesse até nossa casa para o jantar. Fiz a ressalva de que não sou a melhor cozinheira, não podia garantir como a casa estaria, mas éramos um grupo muito alegre e eu podia garantir que não haveria silêncio. Ele aceitou.

Quando Ken chegou, a vida estava muito caótica na minha casa. Os meninos estavam implicando com as irmãs, o cãozinho urinou no carpete de novo, o telefone estava tocando, meu caçula estava pulando no sofá e eu estava tentando administrar as duas panelas e uma caçarola que continham nosso jantar. Pedi desculpas por não me lembrar de oferecê-lo algo para beber no momento. Ele disse gentilmente: "Sem problemas" e ele acrescentou — "Desfrute isso, Lysa. Desfrute cada momento. Passa tão rápido".

Ao longo da noite, Ken continuou com seu mesmo lembrete gentil. Embora dissesse de modos variados em momentos diferentes, a mensagem era sempre a mesma. *Saboreie cada momento desse tempo precioso. A vida está aqui. A vida preciosa, barulhenta, caótica, bagunçada, bela, rica e insubstituível está aqui. E o tempo de desfrutar esta vida é curto.*

BUSQUE AS RESPOSTAS DO SENHOR

Tivemos uma noite agradável com Ken. Tínhamos o convidado para jantar como um presente, mas fomos nós que recebemos o tesouro verdadeiro. Enquanto ele estava indo embora e Art o estava acompanhando até o carro, ele parou no meio da calçada. Ele foi até um arbusto de gardênia plantado em frente à nossa casa — um arbusto pelo qual passei sem desfrutar por onze anos. Ele se abaixou até uma flor num dos galhos mais baixos e colocou seu rosto nela enquanto inspirava profundamente.

Essa imagem quase me fez engasgar. Eu sabia que Ken esteve clamando ao Senhor para preencher os vazios que Mary deixou — sua gentileza, seu perfume doce, sua beleza e seu jeito de iluminar qualquer lugar que ela fosse. Ken orou esperançosamente; Ele esperava Deus responder-lhe e, portanto, era capaz de reconhecer a resposta quando ela surgia. Uma flor feita pela mão de Deus foi planejada, estou convicta, apenas para Ken.

Esse é o segredo de atravessar a dor. De verdade, é o segredo de atravessar toda a vida. Aprender a depender de Deus, pedir por sua provisão e depois se lembrar de buscar por suas respostas prontas. Deus fez mais naquela noite do que fazer Ken se lembrar de sua fidelidade. Ele me fez lembrar do que é realmente importante e como atravessar a dor com perspectiva.

Como mulher, às vezes a perspectiva se perde no mar de emoções que atravessam meu coração. O coração de uma mulher é um lugar profundo, agitado e maravilhoso, cheio de desejos secretos. Desejo que minha vida valha a pena. Desejo que meus filhos cresçam e se tornem boas pessoas. Desejo que meu casamento seja sempre cheio de amor e devoção. Desejo viver uma vida sem arrependimentos. Mas o meu maior desejo secreto deve sempre ser por mais de Deus em minha vida. Esse é o único desejo que certamente nunca decepciona e jamais pode ser tirado de mim. Meu marido, meus filhos e a vida que conheço podem ser arrancados de mim em um instante, mas Deus estará presente em tudo. Apenas tenho de fazer a escolha de ter meu relacionamento com Ele de extrema importância.

Sabendo com certeza disso tudo, posso atravessar toda e qualquer decepção e até a morte. Deus está perto. Ele está me atraindo, ensinando-me lições que não posso aprender de outra forma, revelando mais de seu caráter, permitindo-me senti-lo de modos até mais extraordinários. Sim, a morte é difícil e extremamente dolorosa. Seja de um ente querido, de um estilo de vida ou de um sonho, a morte dói. Eu sei — atravessei essa fase várias vezes de muitas formas diferentes. Mas em vez de apenas olhar para o que a fase da morte leva, aprendi a ver o lado bom que ela traz.

A PRESENÇA DE DEUS NAS
PEQUENAS COISAS

Às vezes, quando atravessamos a fase da morte da nossa caminhada de fé, ficamos tão cansadas tentando encontrar a grande ressurreição que nos esquecemos de ver que Deus revela a si próprio de formas sutis ao longo do dia.

Pedi a uma amiga que está atravessando uma fase da morte muito difícil para escrever cada detalhe que o Senhor tinha feito no dia anterior para fazê-la lembrar do seu amor. Ela ficou boquiaberta com o quanto mais claro ela conseguia ver a mão de Deus enquanto ela refazia seus passos e parou para considerar a questão. Ela tinha se perdido ao viajar para casa depois de visitar a família e clamou a Deus sobre como era injusto que ela estivesse perdida. Mas sua rota tortuosa levou-a até seu restaurante preferido, aonde ela foi capaz de desfrutar bem aquilo que queria para o almoço, e ainda chegou em casa a tempo. Na mesma viagem, a certa altura seu piloto automático parou de funcionar. Ela desacelerou para ajustar os botões e tentar consertá-los. Só depois percebeu que havia ultrapassado o limite de velocidade, e um policial estava atrás dela. Se o piloto automático não tivesse estragado naquele momento, é possível que ela teria continuado com a mesma velocidade e recebido uma multa.

Minha amiga sentiu a presença de Deus em seu almoço preferido e ainda escapou de uma multa por excesso de velocidade. Ken viu a mão de Deus em uma bela flor. Como Deus tem revelado sua presença para você atualmente? Se o seu desejo é por mais dele, pode ficar tranquila que Ele está agindo para mostrar-lhe algo maravilhoso agora mesmo.

ESTUDO BÍBLICO PESSOAL

1. Leia Êxodo 15:1-21.

Quando os filhos de Israel atravessaram o mar Vermelho e surgiram do outro lado, eles pararam e cantaram louvores ao Senhor. Quando vemos Deus agindo em nossa vida, paramos e damos louvor a Ele? Damos uma pausa em meio a nossa vida ocupada para apreciar profundamente a beleza de sua criação? Escolhemos focar nos momentos especiais que Ele tem nos dado e valorizá-los como um cântico de louvor em nosso coração a Ele? Anote suas reflexões em seu caderno.

2. Leia Salmos 22:3-5 e 99:1-3.

Esses versículos mostram que Deus — que é Santo e Majestoso além da nossa compreensão — habita nos louvores. Se queremos vivenciar uma caminhada mais íntima com o Senhor, precisamos apenas louvá-lo. Sua presença vai nos impressionar quando escolhermos sair do caminho normal e perceber as bênçãos que Ele nos envia a cada dia. Que aprendamos a agradecer e louvar ao longo dos dias.

Podemos louvá-lo pelo que Ele faz por nós: *Obrigada, Pai, pelo som das gargalhadas. Obrigada, Pai, pelo tempo bonito. Obrigada, Pai, por saberes o que é o melhor para mim. Obrigada, Pai, pelo teu plano em minha vida.* Anote alguns motivos pelos quais você é grata.

Também podemos louvá-lo simplesmente por quem Ele é. *Eu te louvo, Pai, pela tua soberania em minha vida. Eu te louvo, Pai, por seres o Senhor de tudo. Tu, Senhor, és meu Rei, minha Rocha, meu Redentor. Eu louvo a ti e somen-te a ti.* Esse cântico pode sempre estar em nossos lábios enquanto temos comunhão com o Senhor em nosso dia a dia. Anote alguns louvores por quem Deus é pessoalmente para você.

Faça o mesmo que pedi para minha amiga fazer: pense no dia de ontem e escreva cada pequeno detalhe em que Deus deu garantias de que estava com você.

3. Leia 2Coríntios 10:5.

Grife a frase "levando cativo todo pensamento." Deus é um Deus de detalhes. Ele é organizado. Ele está no contro-le. Ele é intencional em tudo o que faz. Então, Ele deseja que sejamos intencionais também. Assim como devemos levar cativo todo pensamento, devemos levar cativo todo momento para louvá-lo. Você está deixando esses momen-tos passarem despercebidos? O que está distraindo você de louvar a Deus com mais frequência e como você fará com que sua prioridade seja louvá-lo com mais frequência?

4. **Caminhei pela minha calçada** por 11 anos, nunca divergindo de minha rotina de parar e tomar cativo um momento para me regozijar em um presente que Deus tinha preparado para mim se eu apenas olhasse. A lição de Ken para mim naquela noite era levar cativo todo momento para perceber as bênçãos em minha vida, sejam elas grandes ou pequenas, e dar a Deus louvor quando percebê-las.

Escreva um louvor ao Senhor em seu caderno. Em espe-cial, louve-o por algo que Ele lhe proveu recentemente. Sua provisão pode ter vindo de um jeito inesperado, mas não era menos do que uma resposta às suas orações. Ken orou por mais tempo com sua amada Mary. Em vez disso, ele está aprendendo a ver a provisão de Deus de outras formas nesta terra até o dia em que ele vai se unir a ela para louvá-lo no céu. Deus vai atender a todas as suas necessidades, assim como Ele atendeu às de Ken. Leve cativo cada momento para focar em seus dons para você, independentemente das suas circunstâncias. Escreva em seu caderno seu louvor pela provisão de Deus.

CAPÍTULO QUINZE

DEUS NÃO SE SURPREENDE COM A MORTE

Você já percebeu que a natureza não resiste a Deus? Pense na pequena semente que é plantada. Ela é empurrada para um lugar escuro e sujo. Então, deve passar por uma espécie de morte. A semente deve cessar de existir enquanto sua casca começa a se desintegrar e romper antes que a vida possa florescer. Quando ela segue o projeto de Deus, a vida nasce da semente, vinda da terra, e encontra a vida na luz. Quem teria imaginado que uma planta gloriosa poderia surgir de uma sementinha num lugar escuro?

O que teria acontecido se a semente resistisse a Deus e se retraísse em sua forma original? Teria evitado o trauma da mudança, mas pense em toda a oportunidade que ela teria perdido. Jamais teria conhecido o melhor de Deus. Como somos iguais àquela sementinha de vez em quando!

A SEMENTE DE UMA VISÃO

Eu agi como aquela semente e resisti a Deus quando a tarefa colocada diante de mim parecia ser grande demais, demorada demais, arriscada demais, cara demais. Agi como aquela semente quando Deus deu-me a visão para minha missão de ministério pessoal. *Como, Deus?* Eu me sentia tão pequena, tão incapaz, com tanto medo de tentar e fracassar. Quando meu ministério começou, eu estava disposta a pegar as tarefas pequenas que Deus me dava. E assim fiz por muitos anos, alcançando várias mulheres com uma mensagem de incentivo. Mas eu sabia que Deus queria que eu desse um novo passo. *Como, Deus?*

Então, veio a ideia de que eu talvez pudesse falar em um evento em um estádio ao lado de outros palestrantes.

Os outros palestrantes podiam atrair a multidão, eu podia cumprir minha própria missão e todos nós iríamos cantar aquele hino da harpa "Sou felizzz com Jesusss, meu Senhoooooor" e irmos embora para casa felizes. Então, comecei a orar por um evento em um estádio. Você não ama quando as pessoas tentam dar sugestões para Deus? (Errr... nota para si mesma: isso *não* é uma boa ideia.)

Fiquei eletrizada quando finalmente recebi o convite. Fui convidada para palestrar num evento em um estádio com público estimado de 5 mil pessoas. Eu estava tão empolgada no dia em que embarquei no avião para ir ao evento. Finalmente minhas orações foram atendidas, e a vida era uma maravilha... pelo menos até a manhã seguinte, às 7h50.

A SURPRESA

Eu tinha de ser a palestrante principal de abertura às oito da manhã. A programação do dia estava lotada, da manhã até a noite, com reuniões acontecendo toda hora para ser apresentada por uma série de palestrantes diferentes. Às 7h50, eu comecei a ficar um pouco nervosa à medida que a multidão ainda não

O QUE ACONTECE QUANDO UMA MULHER CAMINHA PELA FÉ

tinha chegado. Ocupei meu lugar à mesa — não que ela estivesse cheia, mas trocar e endireitar os livros foi uma forma de liberar meu nervosismo. Sorri para os outros palestrantes fazendo a mesma coisa. Todos nós trocávamos de posição, nos endireitávamos e sorriamos.

Então, duas pessoas entraram, e de repente um novo passo foi acrescentado à nossa dança estabanada. Tornou-se um movimento de quatro tempos, trocar de posição, endireitar-se, sorrir e dar as boas-vindas. Aquelas duas mulheres excessivamente bem recebidas estavam um pouco chocadas por tantas opções de assentos. Elas trouxeram consigo guarda-chuvas da Barbie, assim podiam sinalizar para as amigas que chegassem um pouco mais tarde a localização exata de onde estavam no grande estádio.

Às oito da manhã, era hora de entender a questão que ninguém gostaria de falar: tinham duas pessoas no estádio e estavam faltando 4998! As participantes colocaram os guarda-chuvas debaixo do assento e se ocuparam com sua própria dança nervosa. A dança delas era de dois movimentos: conversar e olhar. Elas conversavam um pouco e depois olhavam ao redor do estádio. Acho que todos nós ficamos pensando que, de alguma forma, essas danças tolas e nervosas atrairiam as pessoas para vir e preencher o lugar, e seguiríamos com a conferência como planejado. Mas não era para ser assim.

DEUS NÃO ESTAVA SURPRESO

O tempo continuou a passar sem muita melhora. Às 10h30, nossa multidão alcançou o pico de 12 senhoras. Determinadas a fazer o melhor de uma situação estranha, uma das outras palestrantes e eu assumimos o comando. Pedimos às senhoras para nos ajudar a levar as cadeiras até o saguão, onde elas podiam sentar em círculo enquanto transmitíamos nossas mensagens. De repente, já importava mais quantas pessoas estavam lá, pois tínhamos certeza de que Deus estava conosco. Rimos, choramos, pedimos pizza e cumprimos o propósito de Deus para aquele dia. Nossos planos ainda não aconteceram perfeitamente, pois fomos interrompidas pelo som alto da banda gospel tocando em um auditório vazio, então decidimos mover nossas cadeiras para o estacionamento. Então, veio uma inesperada infestação de moscas (contei 17 em mim de uma vez só), um avião de controle remoto voando sobre nós que mais se parecia com uma vaca morrendo e, claro, chuva. Ao menos fizemos uso daqueles guarda-chuvas da Barbie!

Mas Deus. Amo essa frase de duas palavras porque a vida pode estar literalmente desmoronando ao nosso redor, *mas Deus é bom*, e nenhum caos pode mudar esse fato! Lembre-se da sementinha. Oh, como eu quis resistir a Deus naquele dia! Quis empacotar minhas coisas e ir para casa. Muitos palestrantes foram, mas eu sabia que Deus estava me dizendo para ficar naquele lugar árduo. Cumprir a missão de um modo que o honrasse. Amar aquelas senhoras que foram. Ficar bem em deixar o sonho morrer por hoje porque a vida finalmente florescerá.

Deus é bom. Ele está muito mais interessado em desenvolver nosso caráter para corresponder ao nosso chamado do que em manipular as circunstâncias para a gente ser feliz. Deus podia ter enchido aquele estádio naquele dia. Ele podia ter mudado todos os tipos de circunstâncias, mas a dispensação de Deus é diferente da nossa. Eu disse para aquelas 12 senhoras que eu acreditava que Deus tinha nos interrompido naquele lugar para ter toda a nossa atenção por razões diferentes, e Ele usaria as circunstâncias do dia para realizar grandes coisas.

Pude ver grandes bênçãos por causa da minha colaboração com Deus imediatamente? Não. Quando os coordenadores do evento vieram buscar a mim e minha assistente no dia seguinte para nos levar até o aeroporto, a conversa com eles foi um desastre. Eu ainda estava um pouco chocada pelo que tinha acontecido e, mais ainda, Deus estava me chamando para perdoar a falta de planejamento deles, incentivá-los e amá-los. E assim eu obedeci.

Deus abençoou-me imediatamente por colaborar? Novamente, não. Há quase uma hora de distância do aeroporto o carro quebrou, e minha assistente e eu acabamos tendo de pedir carona até o aeroporto! Uma vez que estávamos enfim no avião indo para casa, eu não sabia se ria ou se chorava. Para ser sincera, eu não sabia o que sentir. A semente estava rompendo no fundo, no lugar escuro, e doía.

SER QUEBRANTADA NÃO É
SER DEIXADA DE LADO

Isso era a morte do meu sonho? Por que Deus plantaria uma visão em meu coração e depois deixaria as coisas acontecerem assim? Em momentos como esse, tenho de viver minha vida baseada na verdade de quem Deus diz que Ele é, e não no que eu sinto. Minhas emoções estavam feridas, meu coração estava quebrantado e eu não conseguia processar esse evento de um jeito que me fazia me sentir melhor. Então, tive de confiar na verdade de que Deus é bom, que tem cada detalhe em perfeito controle, e que tudo ficaria bem; enquanto isso, não posso confiar no meu emocional. Devo buscar a perspectiva divina. Mesmo em meu estado de quebrantamento, tinha de continuar buscando por isso.

Se você perguntasse às pessoas se elas desejam uma vida de fé extraordinária, é possível que a maioria dissesse que sim. Então, por que mais gente não corre atrás desse desejo? Porque confundem quebrantamento com ser deixada de lado por Deus. O quebrantamento é o que deve acontecer antes de Deus juntar os pedaços de um modo que Ele possa brilhar melhor.

O primeiro sermão registrado na Bíblia que Jesus proferiu às multidões é o Sermão do Monte, encontrado em Mateus 5, logo após Ele dizer aos discípulos, no capítulo 4, "Vem e me segue". Então, essa era uma fala importante para Jesus. Embora Ele estivesse ensinando e pregando por toda a terra, esse sermão deve ter tido uma importância especial, e é a primeira vez que ouvimos o Senhor palavra por palavra. De todos os tópicos que podia ter escolhido falar, Ele falou sobre quebrantamento.

Pense nisso. Jesus tinha convidado os discípulos a deixar tudo e segui-lo. Ele atraiu uma grande multidão. Ele era o assunto do momento, a atração principal, aquele que todos queriam ver. Você não consegue sentir a empolgação dos discípulos? Não consegue ver seus peitos estufados e passos confiantes? Podemos pensar, então, que Jesus puxa-os para perto e reúne-os com uma injeção de autoconfiança, certo?

Não. Ele os ensina a importância do quebrantamento.

> Bem-aventurados os pobres em espírito...
> Bem-aventurados os que choram...
> Bem-aventurados os humildes...
> Bem-aventurados os que têm fome e sede de justiça...
> Bem-aventurados os misericordiosos...
> Bem-aventurados os puros de coração...
> Bem-aventurados os pacificadores...
> Bem-aventurados os perseguidos por causa da justiça...
> (Mateus 5:3-10).

Em todos os meus anos lendo as Escrituras, eu as lia como frases individuais e deixava passar uma compreensão incrível. E se Jesus não quisesse que lêssemos separadamente, mas como etapas de quebrantamento como estas?

Bem-aventurados os pobres em espírito — os quebrantados.

Bem-aventurados os que choram — quebrantados ao ponto de chorar.

Bem-aventurados os humildes — os que choram ao ponto de serem humilhados pelas coisas mundanas.

Bem-aventurados os que têm fome e sede de justiça — os humilhados e desejosos de serem cheios somente de Deus.

Bem-aventurados os misericordiosos — os cheios de Deus e capazes de transbordar misericórdia aos outros.

Bem-aventurados os puros de coração — os que dão livremente misericórdia e vivem com coração aberto para Deus.

Bem-aventurados os pacificadores — os que dizem "sim" para Deus e levam a paz de Deus aonde que estejam.

Bem-aventurados os perseguidos por causa da justiça — os que estão tão certos de sua paz que, mesmo quando enfrentam provações, confiam e caminham confiantes com Deus em qualquer circunstância.[1]

Que beleza, não? Então Jesus continua dizendo nos versículos 13-16 de Mateus 5: "Vocês são o sal da terra [...]. Vocês são a luz do mundo [...]. Assim brilhe a luz de vocês diante dos homens, para que vejam as suas boas obras e glorifiquem ao Pai de vocês, que está nos céus".

---

[1]Com agradecimentos a Mark Hamby, cujo sermão inspirou essas reflexões.

Oh, Senhor, obrigada por derramares essa nova luz na beleza no valor dos quebrantados. Que eu sempre olhe para os lugares e as experiências quebrados em minha vida de uma nova forma. Obrigada por me amar o suficiente para me salvar de minhas ideias e desejos. Somente o teu caminho perfeito por meio do quebrantamento pode revelar a melhor rota para viajar. Sei que a morte não o surpreende, Senhor, e o quebrantamento não significa o fim. Louvado seja pelos novos começos mesmo quando não os podemos ver ainda. Obrigada pelo privilégio de ser quebrantada o suficiente para brilhar a tua luz por meio da minha vida.

ESTUDO BÍBLICO PESSOAL

1. Leia Oseias 13:14 e 1Coríntios 15:55-57.

Jesus derrotou a morte de uma vez por todas na cruz. Deus tinha um plano de salvação para que ninguém perecesse (2Pedro 3:9). Deus, em sua soberania, ofereceu seu único Filho para que pudéssemos ser redimidos. A morte não surpreendeu Deus antes nem o surpreende agora. Mesmo quando Jesus estava na cruz, Ele estava no controle da morte. Em Lucas 23:46, Ele diz: "Pai, nas tuas mãos entrego o meu espírito". João 19:30 narra: "Tendo-o provado, Jesus disse: 'Está consumado'. Com isso, curvou a cabeça e entregou o espírito". Ele escolheu o momento de sua morte. Ele não foi realmente morto por aqueles que o crucificaram, nem ficou surpreso por seu corpo enfraquecido. Ele escolheu entregar seu espírito nas mãos de Deus. João 10:17-18 relata que Deus está no controle de todas as coisas — até mesmo da morte. Anote suas reflexões em seu caderno.

2. Leia 1 Tessalonicenses 5:1-11.

Deus não é surpreendido pela morte. Em sua misericórdia, Ele nos proveu com um modo de não ficarmos surpresos também pelas coisas deste mundo. O versículo 4 dessa passagem narra: "Mas vocês, irmãos, não estão nas trevas, para que esse dia os surpreenda como ladrão". A passagem segue narrando que nós somos "filhos [e filhas] da luz" (versículo 5). Deus deu sua luz em nossa vida, e essa luz brilha mais forte quando permanecemos na Palavra de Deus. Ele deu sua Palavra para preparar-nos, capacitar-nos e nos alistar-nos na batalha descrita no versículo 8. Ele nos amou tanto para se revelar para nós quanto para que não fôssemos surpreendidos também pelas coisas deste mundo. Entregue seu coração para ser mais conhecida do Deus do universo por meio da Palavra dele. Veja o salmo 119 e liste alguns itens que a Palavra que Deus faz por nós.

3. Leia Lucas 19:10.

A missão de Jesus era edificar seu reino oferecendo a salvação a todos os que cressem. A verdade convincente a respeito do sonho de Jesus era que Ele estava disposto a morrer por ele. Na verdade, sua morte foi o componente crucial de seu sonho. Para alcançar o resultado desejado, Cristo teve de sacrificar sua própria vida. As Escrituras relatam que Ele era humano e sentia as mesmas emoções sobre a morte que nós sentiríamos. Lucas 22:42 narra que Jesus decidiu aceitar a vontade de Deus — até chegar ao ponto de morrer. A morte sempre fez parte do plano de Deus para realizar seu sonho. Ainda que Ele exija a morte, você pode confiar no plano perfeito dele para cumprir o sonho divino para você. Deus ama você se sempre estará lá. Essa verdade é tecida ao longo das Escrituras. Reserve algum tempo para refletir nessas promessas e, em seguida, leia a Bíblia e encontre as promessas que realmente falam com você. Escreva-as em seu caderno e consulte esses versículos durante esse período. Se você estiver fazendo este estudo com um grupo, compartilhe alguns de seus versículos para incentivar umas às outras.

CAPÍTULO DEZESSEIS

A PORÇÃO, POSIÇÃO E PROMESSA DE DEUS

Eu tive uma grande semana com minha amada filha de cinco anos, Brooke.

Deixe-me apenas dar-lhe alguns dos destaques:

A Senhorita Coisa, como carinhosamente a chamamos, ficou em apuros em casa por falar o que não devia e teve de apanhar. No outro dia, estava me aprontando no banheiro, eu a espiei dentro da banheira, rindo. Quando lhe perguntei o que era tão engraçado, ela respondeu: "Bem, eu prometi a mim mesma jamais lhe contar, mas não consigo resistir. Antes de você me bater ontem, eu vesti cinco pares de calcinha e a calça mais grossa que encontrei. Eu nem sequer senti as palmadas!" *O quê? Minha amada Brooke... ela é, no fundo, tão conivente?*

Eu mal tinha me recuperado do fiasco da surra quando minha filha de nove me informou que pegou no flagra a Senhorita Coisa raspando as pernas com a lâmina de barbear do pai. Quando confrontei Brooke a respeito, ela sorriu e disse: "Mamãe, minhas pernas são muito peludas. Eu as 'raspei' e não me cortei nenhuma vez, então qual é o problema?" O problema? "O problema", respondi, "é que você tem cinco anos de idade, e você *não* vai 'raspar' suas pernas. Nem hoje, nem amanhã, nem nos próximos anos!" *Minha amada Brooke... ela é, no fundo, tão sorrateira?*

Era só o que faltava! Nossa babá tinha levado minhas filhas para uma joalheria para buscar uma pulseira de pingentes que estávamos dando como presente. Elas não estavam na loja antes de as visões de sua própria pulseira de pingentes começarem a dançar na mente da Senhorita Coisa. Com seu aniversário apenas há algumas semanas e o Natal chegando, jamais lhe ocorreu simplesmente pedir sua própria pulseira e esperar que fosse dada a ela. Ela queria uma pulseira de pingentes *agora*. A babá respondeu que não, e pensamos que a história tinha acabado ali.

Isto é, até o dia seguinte, quando sua irmã enfiou a mão no bolso da calça que Brooke estava usando na joalheria e encontrou oito pingentes de prata dentro! Eu a levei de volta para a loja, devolvi os pingentes e fiz a menina se desculpar com o pedido mais humilde. Com a ajuda da atendente da loja, também expliquei para Brooke que esse incidente podia colocá-la na prisão e que a polícia teria de ser chamada. Após sua rápida conversa com o policial, fiquei tranquila que aquele seria o fim de seus dias de furto em lojas. *Minha amada Brooke... ela é, no fundo, tão apta para pecar?*

O FATO DO CORAÇÃO FRIO

Onde foi que eu errei como mãe? Digo, ela é uma criança preciosa — ou pelo menos era alguns dias atrás; mas eu tive de encarar um fato difícil. A resposta fácil seria apontar o dedo para mim e tentar ser um pouco mais, ser uma mãe melhor. E sempre tenho espaço para melhorias, mas essa não é a resposta completa. Por mais que eu goste de pensar em Brooke como o anjinho doce que ela parece ser, não posso deixar seus grandes olhos azuis e cabelos loiros ondulados me enganarem. Ela é uma pecadora. Ela está infectada com a mesma natureza pecaminosa que o resto dos filhos de Deus — incluindo eu. Sem Deus, ela seria deixada com suas próprias más decisões e mentalidade equivocada. Com Deus, porém, ela tem a esperança de um tipo diferente de vida.

Quando estudo sobre os filhos de Deus, sinto-me bem melhor a respeito da minha filha. Até Ele, o Pai perfeito, tinha algumas crianças muito coniventes, sorrateiras e aptas para pecar! Devo admitir que, no passado, às vezes fui muito dura em minha reflexão sobre os filhos de Israel. Não consigo evitar de ler a história e pensar: *"Seus tolos doidos! Como puderam ver o que viram e viver o que viveram e ainda duvidarem e murmurarem contra Deus?"*. A triste verdade é que a mesma coisa acontece em minha própria vida. Eu tive minha própria parte do mar Vermelho, eu me alegrei com sua provisão várias vezes, mas de vez em quando ainda sigo meu próprio caminho. Assim como os filhos de Israel e minha doce filha Brooke, *eu sou uma pecadora*.

Contanto que vivamos nesta terra, vamos pecar. Mas o pecado não tem de governar-nos e destruir nossa vida. Se podemos nos lembrar de algumas lições dos filhos de Israel, estaremos bem mais capacitadas para evitar as armadilhas do pecado. Entender a parte, a posição e a promessa de Deus será a chave, à medida que avançamos da fase da morte para a doce Terra Prometida da ressurreição.

A PORÇÃO DE DEUS

Não muito tempo depois dos filhos de Israel virem o mar Vermelho se abrir e testemunharem os cadáveres de seus inimigos chegando à praia, eles se esqueceram da incrível capacidade de Deus de prover. Em Êxodo 15:21 encontramos cânticos de louvor ao Senhor: "Cantem ao SENHOR, pois triunfou gloriosamente.

Lançou ao mar o cavalo e o seu cavaleiro". Três versículos depois, os louvores, no entanto, cessaram dos seus lábios, e no lugar encontramos uma melodia diferente. "E o povo começou a reclamar..." (Êxodo 15:24). E eles continuaram murmurando, embora Deus prometesse cuidar e prover para eles.

Em Salmos 78:22-25 relata-se o seguinte: "eles não creram em Deus nem confiaram no seu poder salvador. Contudo, ele deu ordens às nuvens e abriu as portas dos céus; fez chover maná para que o povo comesse, deu-lhe o pão dos céus. Os homens comeram o pão dos anjos; enviou-lhes comida à vontade".

Embora não merecessem sua provisão, Deus ainda tinha misericórdia deles e provia o sustento. O modo que Ele provia exigia deles uma busca, um relacionamento diário com o Senhor, que lhes dava sua porção todos os dias. Deus continuou a revelar-se ao seu povo pela maneira com a qual Ele proveu, e ainda age assim também conosco.

A GRANDE MENTIRA

Acho que uma das maiores ferramentas que Satanás usa para impedir que as pessoas cresçam na fé e sigam os sonhos que Deus colocou em seus corações é a mentira de que temos de fazer tudo certo antes que Ele preste atenção em nós. Temos de fazer orações longas e nobres. Temos de reservar um bom tempo nas primeiras horas do amanhecer para fazer um estudo bíblico aprofundado. Temos de ter um conhecimento bíblico de nível de seminário e ser capazes de fazer uma pregação expositiva de todo e qualquer assunto que possa surgir em nossa conversa com os outros. Uma vez que alcancemos esse ápice em nossa fé, então Deus se senta, anota nossa devoção e presta atenção em nós.

Não! Não é assim que funciona!

Sim, Deus quer que oremos, leiamos a Bíblia e demos teste-munho dele. Ele também quer, porém, que façamos essas tarefas como uma resposta natural do coração que se alegra no relacio-namento com o Senhor. Deus ama cada uma de nós e quer passar tempo conosco, não porque está na nossa lista de afazeres, mas porque desejamos estar em contato com Ele ao longo do dia. Ele quer estar lá por nós. Ele quer preencher as lacunas onde cada uma de nós fracassamos.

NOSSA FRAQUEZA

Quando Paulo suplicou a Deus para remover seu "espinho na car-ne", Deus se recusou e disse: Minha graça é suficiente para você, pois o meu poder se aperfeiçoa na fraqueza". Paulo continua: "Portanto, eu me gloriarei ainda mais alegremente em minhas fraquezas, para que o poder de Cristo repouse em mim. Por isso, por amor de Cristo, regozijo-me nas fraquezas, nos insultos, nas necessidades, nas perseguições, nas angústias. Pois, quando sou fraco é que sou forte" (2Coríntios 12:9-10).

Ao longo da mesma linha, Deus proveu para os filhos de Israel de um modo que os fez admitir suas fraquezas e a capacidade de Deus para prover. "Disse, porém, o Senhor a Moisés: 'Eu lhes farei chover pão do céu. O povo sairá e recolherá diariamente a porção necessária para aquele dia. Com isso os porei à prova para ver se seguem ou não as minhas instruções. No sexto dia trarão para ser preparado o dobro do que recolhem nos outros dias'" (Êxodo 16:4-5).

Cada dia os israelitas tinham de receber ativamente sua por-ção. Aprendi a fazer o mesmo. Onde quer que esteja me sentindo fraca, incapaz ou inadequada, peço a Deus para ser minha porção e preencher minhas lacunas. Quer eu tenha pouca paciência com meus filhos, amor por meu marido, perdão por alguém que me magoou, ou uma de uma miríade de outras formas de errar o alvo de vez em quando, acordo de manhã e começo meu dia pedindo a Deus por minha porção.

Encontramos essas orações "por porções" ao longo da Bíblia. Em Salmos 73:26, lemos: "O meu corpo e o meu coração poderão fraquejar, mas Deus é a força do meu coração e a minha herança para sempre". Lamentações 3:22-24 diz: "Graças ao grande amor do Senhor é que não somos consumidos, pois as suas misericórdias são inesgotáveis. Renovam-se cada manhã; grande é a tua fidelidade! Digo a mim mesmo: A minha porção é o Senhor; portanto, nele porei a minha esperança". "Dá-nos hoje o nosso pão de cada dia" (Mateus 6:11). Se Ele teve de orar pela sua porção, por que imaginaríamos que não teríamos de pedir?

Seja onde estiver se sentindo fracassada, peça a Deus para ser sua porção e preencher os seus vazios. Então, observe a mão dele agir e agradeça-o pelas várias maneiras que Ele vai se revelar a você a cada dia!

A POSIÇÃO DE DEUS

Deus não deseja apenas que confiemos nele para nossa porção diária, mas também exige que o primeiro lugar em nossa vida fique reservado para Ele. É fácil ficar tão consumida com nossa Terra Prometida que esquecemos o Criador da promessa. Perdemos de vista o fato de que Deus plantou o sonho em nosso coração e que Ele certamente o fará frutificar.

Não tenha deus estrangeiro no seu meio; não se incline perante nenhum deus estranho. Eu sou o Senhor, o seu Deus, que o tirei da terra do Egito. Abra a sua boca, e eu o alimentarei. "Mas o meu povo não quis ouvir-me; Israel não quis obedecer-me. Por isso os entreguei ao seu coração obstinado, para seguirem os seus próprios planos. 'Se o meu povo apenas me ouvisse, se Israel seguisse os meus caminhos, com rapidez eu subjugaria os seus inimigos e voltaria a minha mão contra os seus adversários!" (Salmos 81:9-14).

Os ídolos deles, de prata e ouro, são feitos por mãos humanas. Têm boca, mas não podem falar, olhos, mas não podem ver; têm ouvidos, mas não podem ouvir, nariz, mas não podem sentir cheiro; têm mãos, mas nada podem apalpar, pés, mas não podem andar; nem emitem som algum com a garganta. Tornem-se como eles aqueles que os fazem e todos os que neles confiam. (Salmos 115:4-8).

Pergunte a si mesma: *O que eu quero mais do que qualquer outra coisa?* Se sua resposta for outra coisa senão *mais de Deus em minha vida*, então você está adorando algum tipo de ídolo. Peça a Deus para revelar-lhe os ídolos da sua vida e volte-se para Ele.

Ele se alimenta de cinzas, um coração iludido o desvia; ele é incapaz de salvar a si mesmo ou de dizer: "Esta coisa na minha mão direita não é uma mentira?" Lembre-se disso, ó Jacó, pois você é meu servo, ó Israel. Eu o fiz, você é meu servo; ó Israel, eu não o esquecerei. Como se fossem uma nuvem, varri para longe suas ofensas; como se fossem a neblina da manhã, os seus pecados. Volte para mim, pois eu o resgatei." (Isaías 44:20-22).

A PROMESSA DE DEUS

Sinceramente, às vezes me canso das constantes batalhas em minha vida. Mal consigo resolver um problema quando parece surgir outro. Não que eu saia procurando encrenca, mas, de alguma forma, ela sempre parece me encontrar. Aprendi a ver os problemas da minha vida como "oportunidades de crescimento". Eles me dão a chance de reconhecer Deus me moldando e esculpindo para me adequar ao chamado que Ele me deu. Deus está interessado no meu caráter, e não no meu conforto.

No ano passado, minhas filhas e eu fomos ao *workshop* de um prateiro. Quando entramos na loja, fiquei impressionada com a habilidade artística daquele homem. Suas peças eram belas de forma esplêndida. Elas eram tão puras e lisas que eu podia ver meu reflexo nelas perfeitamente. Só quando entramos na oficina é que entendi o que foi preciso fazer para que a prata tivesse a aparência que tinha na exposição. O bater, girar, aquecer e bater um pouco mais me fez respeitar tudo o que a prata deve suportar para ter a qualidade de ser exposta. Para aquele prateiro colocar seu nome em uma peça, ela teve que ser submetida a um tratamento que, poderíamos dizer, é duro e cruel. Mas ouso dizer que a prata na exposição diria que valeu a pena.

Max Lucado descreve o processo desta forma:

> Fundir, martelar. Fundir, martelar. Prazos, trânsito. Brigas, desrespeito. Sirenes barulhentas, telefone silenciosos. Fundir, martelar. Fundir, martelar. Sabia que *ferreiro* em ourives vem da palavra arcaica *golpear*? Os prateiros são golpeadores profissionais. Deus também é... Deus guarda quem se volta para Ele. O martelar que você sente não sugere sua distância, mas prova sua proximidade. Confie em sua soberania.[1]

---

[2] Max Lucado, *Come Thirsty* (Nashville: W Publishing Group, 2004), p. 121-22.

Deus permite a fundição e as marteladas, as fricções abrasivas e o polimento em minha vida por uma razão — eles estão me purificando e me lustrando, então irei refleti-lo: "Tu cumprirás tudo o que me prometeste" (Salmos 138:8, NTLH). "Meu Pai continua trabalhando até hoje" (João 5:17). Da mesma forma, Deus também gastou tempo moldando e refinando os filhos de Israel.

O DESERTO E A PROMESSA

Sua promessa era entregá-los à Terra Prometida. Deus cumpriu essa promessa assim como Ele cumpre todas as outras. Mas eles não chegaram lá tão rápido quanto gostariam. Sua desobediência e necessidade de aprofundar o relacionamento deles com Deus os prenderam no deserto por 40 anos. Talvez você sinta que está vagando em seu próprio deserto. Talvez você esteja se perguntando, enquanto vagueia, onde Deus está e o que Ele está fazendo. Talvez você se sinta frustrada com Deus e sinta que sua experiência no deserto é apenas uma perda de tempo.

Fique tranquila, Deus está trabalhando em você assim como o prateiro trabalha com sua prata. Mas Ele também está trabalhando perto e em você. Assim como um ator deve gastar tempo aprendendo suas falas e se familiarizando com seu papel, você também deve aprender seu papel. Deus está construindo o palco, aperfeiçoando os cenários e reunindo o público. Não se apresse com o que Deus pretende que você aprenda hoje. Fique perto dele, esteja aberto aos seus ensinamentos, seja fiel aos ensaios — a noite de estreia está chegando.

Deus também estava perto e com os filhos de Israel enquanto eles estavam vagando pelo deserto. A frustração e murmuração do povo, porém, incitaram o alerta de Moisés em Deuteronômio 6:10-12:

A PORÇÃO, POSIÇÃO E PROMESSA DE DEUS

> O Senhor, o seu Deus, os conduzirá à terra que jurou aos seus antepassados, Abraão, Isaque e Jacó, que daria a vocês, terra com grandes e boas cidades que vocês não construíram, com casas cheias de tudo que há de melhor, de coisas que vocês não produziram, com cisternas que vocês não cavaram, com vinhas e oliveiras que não plantaram. Quando isso acontecer, e vocês comerem e ficarem satisfeitos, tenham cuidado! Não esqueçam o Senhor que os tirou do Egito, da terra da escravidão.

O que seria mais importante para os filhos de Israel: construir cidades ou um relacionamento sólido com Deus? Encher casas ou encher seus corações com mais de Deus? Cavar poços ou se aprofundar nas verdades de Deus e deixá-las mudar suas atitudes? Plantar vinhas e olivais ou deixar que suas próprias raízes cresçam fundas e firmes como povo de Deus?

A fase de morte dos israelitas no deserto foi, na verdade, um presente, pois proporcionou-lhes tempo para passar com Deus e para desenvolver um relacionamento com Ele. Enquanto isso, Deus estava preparando o cenário. Ele estava preparando a Terra Prometida enquanto ensinava seus filhos a simplesmente amá-lo e confiar nele. "Confie no Senhor de todo o seu coração e não se apoie em seu próprio entendimento; reconheça o Senhor em todos os seus caminhos, e ele endireitará as suas veredas" (Provérbios 3:5-6).

Oh criança de Deus, deixe que Ele seja sua *porção* diária! Estime apenas a Ele em sua vida e mantenha a *posição* do Senhor como sendo a primeira em sua vida. E observe como Ele sempre cumpriu e sempre cumprirá suas gloriosas *promessas*! A fase da morte está chegando ao fim e sua ressurreição está próxima.

ESTUDO BÍBLICO PESSOAL

1. A porção: Leia João 1:12-13, 1João 5:4-5 e Apocalipse 2:17.

Quando lemos no Antigo Testamento sobre Deus enviar maná do céu para os israelitas, podemos pensar que é apenas uma boa história antiga que realmente não se aplica a nós atualmente. Esses versículos do Novo Testamento nos ajudam, no entanto, a ver que Deus ainda está provendo maná para seus filhos. Esse maná não cai visivelmente do céu, mas não está menos disponível para nós, como seguidores de Cristo. Como esses versículos narram, somos vencedores quando nos tornamos filhos de Deus.

Os israelitas eram os filhos escolhidos de Deus, mas também somos seus filhos pelo sacrifício de Jesus e da misericórdia do Senhor. Como parte da família de Deus, Ele nos dá o maná escondido, que se refere à suficiência de Cristo para as necessidades dos crentes. Que todos nós possamos nos tornar mais intencionais ao permitir que Cristo seja nossa porção do maná a cada dia. Escreva uma oração pedindo a provisão de Deus em uma área particular da sua vida.

2. A posição: Leia Habacuque 2:18-20.

O que são exatamente os ídolos? Nos tempos do Antigo Testamento, eram imagens esculpidas em madeira ou na pedra, conforme descrito nesses versículos. Hoje, porém, os ídolos podem assumir muitas formas diferentes. Um ídolo é qualquer coisa que se torne uma barreira em seu relacionamento com Cristo. *Qualquer coisa*. Até mesmo aqueles filhos preciosos com os quais Ele a abençoou. Até mesmo atividades que valem a pena, como voluntariado ou ensino domiciliar, podem se tornar ídolos se tiverem prioridade sobre Deus em seu coração.

Agora, leia Juízes 6:25-32. Essa passagem descreve a primeira diretriz de Deus para Gideão depois que ele foi chamado para libertar o povo. Por que Deus exigiu isso dele?

Acho que Deus queria um sinal externo da devoção interior que Gideão tinha pelo Senhor. Isso foi realizado derrubando fisicamente o altar de seu pai e substituindo-o por um altar para Deus. O Senhor deseja que façamos o mesmo. Podemos não precisar quebrar a TV com um taco de beisebol, mas podemos reduzir drasticamente o tempo que passamos na frente dela. Talvez não precisemos desistir dos nossos sonhos, mas devemos *entregar* o sonho a Deus, colocando-o bem atrás do Senhor em nossa lista de prioridades.

Em Mateus 6:33, Jesus faz-nos lembrar: "Busquem, pois, em primeiro lugar o Reino de Deus e a sua justiça, e todas essas coisas lhes serão acrescentadas". Gaste tempo em oração, perguntando a Deus para revelar-lhe os ídolos em sua vida. Anote um deles em seu caderno e escreva como você pode restaurar a perspectiva correta em sua vida.

3. A promessa: Leia Êxodo 15:13.

Quando estamos em tempos de deserto, podemos pensar que Deus está ausente e começar a duvidar de sua promessa para nós. Perguntamos: *Ele realmente me chamou para isso? Eu ouvi isso mesmo dele?*

É fácil perder o foco quando o deserto parece tão vasto e infinito. Nesse momento, devemos nos concentrar na aliança de Deus, de seu amor infalível. A palavra hebraica para esse amor é *hesed*, que significa amor leal, constante e infalível. Seu amor está lá por nós — realizando seus planos para nós, protegendo-nos e guardando-nos à medida que atravessamos o deserto. Reserve um momento para agradecer a Deus por seu *hesed* por você hoje. Anote os agradecimentos no seu caderno.

FASE CINCO

Ressurreição

CAPÍTULO DEZESSETE

O SONHO DE DEUS, O MODO DE DEUS

A ressurreição – etapa final da nossa caminhada de fé – acontece apenas depois que a morte teve seu reinado de vitória passageira. Ou seja, a única maneira de se alegrar na ressurreição é primeiro ter sofrido com a morte.

Estranho, não é mesmo? Para a alma que menos confia em Deus, a fase da morte quase pode parecer cruel e desnecessária. Porém, quanto mais perto caminhamos do Senhor, mais começamos a nos regozijar nela, pois passamos a reconhecer essa fase como sinal da nova vida que queremos desesperadamente e não podemos alcançar de outra forma.

Além disso, a morte nos torna pessoas que podem aceitar a honra da ressurreição sem sentir orgulho. Lembrar-se da fase da morte nos mantém humildes e profundamente conscientes de que a ressurreição nada tem a ver conosco. Nossos talentos, nossa criatividade, nossa habilidade, nossa organização, estar no lugar certo na hora certa – *nada disso trouxe o bem que está surgindo.*

O sonho *de Deus* plantado em nós é realizado somente pelas mãos *dele*. Só agora podemos dar crédito onde ele é devido.

Não por nossos próprios esforços, mas pela graça de Deus, isso aconteceu e agora sabemos muito bem.

O sonho de Deus para nós deve se realizar do modo de Deus.

UMA HISTÓRIA DE RESSURREIÇÃO

Meu sonho de escrever um livro teve de morrer antes que ele pudesse finalmente ganhar vida. Meus esforços para resolver o problema com minha vizinha tiveram de fracassar para que eu visse a mão de Deus estendendo sua bela provisão. Meus ideais sobre como seria minha família tiveram de morrer para que um sonho que eu nem sequer sabia que tinha pudesse trazer a alegria dos meus filhos adotivos. Minha sugestão a Deus para um evento no estádio teve de fracassar miseravelmente antes que o plano de Deus pudesse ser revelado. Sim, até mesmo aquele escape tem uma história de ressurreição.

Depois que voltei para casa daquela experiência mais humilhante, devo admitir que me senti exausta, insegura e vulnerável. E isso foi bom, pois naquela mesma semana fui ao concerto onde conheci pela primeira vez meus meninos liberianos. Deus humilhou-me e me ensinou-me muito durante o fiasco da conferência, mas também me ajudou a ser, sobretudo, uma mulher sensível. Ele pôde facilmente falar comigo na noite do concerto porque eu tinha acabado de se ser quebrantada.

Eu estava quebrantada e humilde o suficiente para não desejar mais as coisas mundanas. Eu queria ser preenchida somente com Deus, vivendo com um coração aberto para Ele, levando misericórdia e paz aos outros de um modo que eu não podia ter de outra forma. Entretanto, havia ainda mais no final dessa história do que só isso.

Minha assistente, que esteve comigo no evento do estádio, estava preocupada com o casal que havia organizado a conferência. Agora eles estavam muito endividados. Eles deviam milhares de reais ao estádio, aos músicos, aos palestrantes e a outras empresas envolvidas com o evento. Pagar novamente a dívida exigiria um milagre. Achando que nunca veria o saldo da minha taxa de palestrante ou o reembolso da minha passagem aérea, concordei com o fato e segui em frente.

NÃO É JUSTO!

Mas minha assistente não podia seguir em frente. Ela orou por aquele casal. Tentou descobrir uma forma de ajudá-los. Procurou um doador para ajudá-los a sair do fundo do poço financeiro em que estavam. Por fim, ela conseguiu e estava rodopiando de alegria ao me contar como seria capaz de ajudar. Havia apenas um problema: eu tinha de perdoar parte da minha dívida e assim o restante seria pago. Ela olhou para mim com semblante de interrogação e disse: "Vai ficar tudo bem para você, não vai?".

Refleti sobre isso. Todos os outros palestrantes seriam pagos, menos eu. Ninguém mais, nem mesmo os planejadores irresponsáveis do evento, sofreria financeiramente com essa ação, mas eu, sim. De repente, senti-me como se tivesse oito anos de idade e fosse punida por algo que minha irmã fez. Eu fiz o maior beiço que pude e olhei bem na direção que achei que o rosto de Deus poderia estar e disse... nada.

Embora minha carne quisesse gritar *Não é justo! Não é justo! Não é justo!*, o Espírito de Deus dentro de mim me fez parar por apenas um minuto. Lembrando-me da fidelidade de Deus várias vezes, orei silenciosamente. *Deus, isso não é justo, mas eu não preciso dizer isso a ti. Então, estou escolhendo honrá-lo aqui por nenhum outro motivo que não seja amá-lo.*

"Sim", respondi. "É claro que vou perdoar minha parte da dívida." Ordenei minha boca a dizer essas palavras. Eu queria honrar Deus mesmo quando minha carne gritasse para que eu fizesse o contrário. E acredite em mim, minhas emoções demoraram um pouco para se acalmar, mas finalmente elas se acalmaram.

Embora eu tivesse feito uma escolha diferente muitas vezes anteriormente, dessa vez escolhi com sabedoria. Parecia bom. Parecia libertador. Parecia propício.

De alguma forma, dessa vez lutei contra os desejos malignos dentro de mim e venci. Romanos 12:1 relata: "Portanto, irmãos, rogo-lhes pelas misericórdias de Deus que se ofereçam em sacrifício vivo, santo e agradável a Deus; este é o culto racional de vocês".

SUA TERRA PROMETIDA ESTÁ PERTO

Ou seja, à luz de toda a misericórdia que Deus estendeu a mim, que é bastante considerável, esse sacrifício foi pequeno. Essa foi uma oportunidade de oferecer meus desejos como um sacrifício. Um deles era santo, ou "separado". Esse foi um sacrifício que não poderia ser entendido pela sabedoria do mundo, mas que realmente agradou a Deus. Assim sendo, adorei a Deus, e nisso Ele teria prazer.

Declara-se em Salmos 37:4: "Deleite-se no Senhor, e ele atenderá aos desejos do seu coração". Exatamente no dia em que perdoei a dívida, algo extraordinário aconteceu. Recebi um convite para palestrar em um evento de estádio de verdade. E não apenas em um. Agora estou sob contrato para fazer cinco eventos para esses novos patrocinadores.

Pode parecer que a ressurreição aconteceu imediatamente, mas não. Havia outras coisas que Deus desejava que acontecessem primeiro. As oportunidades para ser obediente antes mesmo de esperar pela ressurreição que meu coração desejava. Vale a pena perceber aqui o fato de que a ressurreição não aconteceu até que a dívida fosse perdoada.

Você está em um período de espera nesse instante? Embora sua ressurreição não aconteça tão rápido quanto gostaria, ela está chegando. Sua Terra Prometida está perto. Enquanto isso, busque as oportunidades de honrar o Senhor hoje. Procure uma oportunidade de perdoar uma dívida, perdoar alguém que a magoou ou escolher abençoar quem está lhe amaldiçoando. Resista ao impulso de sentir raiva, desilusão ou ciúme daqueles que parecem ter exatamente o que você está esperando. Decida abençoar aquele de quem você está com raiva, incentive aquele que a desencoraja e torça por alguém de que você está sentindo ciúmes. Fazer essas coisas quebrará a espiral para a qual você será puxada.

FORÇA NAS PROMESSAS DE DEUS

Fazer essas coisas seria impossível por si mesma, mas as promessas de Deus darão força a você. Romanos 12:14,21 descreve: "Abençoem aqueles que os perseguem; abençoem, e não os amaldiçoem. Não se deixem vencer pelo mal, mas vençam o mal com o bem". Suas escolhas do bem farão com que Satanás fuja — de você e da situação. Não é o que você deseja?

Em 2Pedro 3:9, afirma-se: "O Senhor não demora em cumprir a sua promessa, como julgam alguns. Pelo contrário, ele é paciente com vocês, não querendo que ninguém pereça, mas que todos cheguem ao arrependimento". Esse versículo está na verdade se referindo à volta de Jesus, mas veja o motivo da demora: Sua paciência. Ele está esperando que seu povo se prepare. Da mesma forma, Ele está sendo paciente com você também nesse período de espera. Como qualquer bom pai, Deus deseja fazer coisas boas acontecerem para você, mas Ele não as fará até que você esteja pronta para recebê-las.

AGRADEÇA A DEUS POR DIZER "NÃO"

Enquanto escrevo estas palavras, estou na livraria *Barnes and Noble*. Uma criança está gritando do fundo da loja: "Eu quero! Eu quero agora! Eu quero, eu quero, eu quero!". Minha amiga que está comigo apenas olhou para cima e sorriu, pois, estávamos tendo exatamente os mesmos pensamentos. Se aquela mãe ceder e deixar o filho ter o que ele quiser agora, ele vai parar de gritar, mas nunca vai apreciar o que lhe foi dado; no entanto, se essa mãe resistir, a criança aprenderá algumas lições muito valiosas:

- "Não" não significa que o mundo vai acabar. Significa apenas "não agora", "ainda não", "não é necessário" ou "não é para o seu bem".
- Se espera pelo que seu coração deseja, você dá mais valor quando finalmente consegue alcançar.
- Chutar, gritar e ter uma atitude ruim enquanto espera não é divertido, nem para você, nem para quem está ao seu redor.
- Conseguir o que deseja pode ser a pior coisa para você.

Às vezes, acho que somos muito parecidas com aquela criança escandalosa. Agradeço a Deus pelos "não" e pelos "ainda não" em minha vida. Embora possam não ser o que quero, são exatamente o que preciso. Deus está me preparando para receber a Terra Prometida.

Devo aprender a estar satisfeita com sua provisão hoje. Pense na história do maná em nossa última seção. Deus foi fiel em prover aos filhos de Israel apenas o suficiente de sua porção para cada dia. Mas, como aquela criança gritando, um dia eles exigiram mais. A insatisfação veio quando eles focaram no que não tinham, em vez do que tinham:

> Um bando de estrangeiros que havia no meio deles encheu-se de gula, e até os próprios israelitas tornaram a queixar-se, e diziam: "Ah, se tivéssemos carne para comer! Nós nos lembramos dos peixes que comíamos de graça no Egito, e também dos pepinos, das melancias, dos alhos-porós, das cebolas e dos alhos. Mas agora perdemos o apetite; nunca vemos nada, a não ser este maná!" (Números 11:4-6).

Isso se parece como uma criança que precisa de alguma disciplina séria ou o quê?

Preste atenção na palavra *bando*. Essa era a multidão mista de egípcios e outros que foram com Israel para fora do Egito. Deus pode tirar o povo do Egito, mas Ele teve que ensiná-los a tirar o Egito de dentro deles. E foi isso que Ele fez.

> Diga ao povo: Consagrem-se para amanhã, pois vocês comerão carne. Vocês não comerão carne apenas um dia, ou dois, ou cinco, ou dez ou vinte, mas um mês inteiro, até que lhes saia carne pelo nariz e vocês tenham nojo dela, porque rejeitaram o Senhor, que está no meio de vocês, e se queixaram a ele (Números 11:18-20).

As pessoas não pediram a Deus para preencher a necessidade real — a dor interior delas. Elas surgiram com uma solução própria e exigiram-na imediatamente. Eles tiveram o que pediram e, como aprendemos posteriormente em Números 11:33-34, isso foi a morte deles. Tão perto da ressurreição, eles deixaram o mal consumir o coração no tempo de espera e perderam a Terra Prometida por completo.

O sonho de Deus dever ser vivido do modo de Deus. Se você se contentar com qualquer outra coisa, nunca ficará satisfeita. "Contudo, o SENHOR espera o momento de ser bondoso com vocês; ele ainda se levantará para mostrar-lhes compaixão. Pois o SENHOR é Deus de justiça. Como são felizes todos os que nele esperam!" (Isaías 30:18).

ESTUDO BÍBLICO PESSOAL

1. Leia Salmos 27:13-14, 33:20, 40:1 e 130:5-8.

Quando lemos esses versículos, vemos que Davi lutou contra a espera tanto quanto todos nós. Não é fácil esperar em Deus quando queremos seguir em frente. Achamos que sabemos como as coisas devem acontecer e queremos ver a solução. Esses versículos mostram dez coisas que podemos fazer enquanto esperamos. Uma amiga minha chama isso de "espera ativa".

1. Não perca a confiança na bondade de Deus.
2. Seja forte.
3. Não perca a esperança.
4. Deixe Deus ser seu escudo e ajuda.
5. Seja paciente.
6. Continue a clamar a Deus.

7. Apegue-se à sua Palavra.
8. Preste atenção em suas respostas.
9. Confie em seu amor infalível.
10. Regozije-se em sua redenção.

Continue a praticar essas dez coisas enquanto espera pela ressurreição que certamente virá após a morte.
O que você está esperando? Como isso vai ajudá-la?

2. Leia Mateus 6:9-13.

A maioria de nós está acostumada com essa passagem, recitando-a ou cantando-a inúmeras vezes. Mas será que nós a lemos na Bíblia e aplicamos de verdade em nossa própria vida de oração? Quando estamos no tempo da espera, podemos conversar com o Senhor e clamar por Ele, como disse o salmista. Jesus ensinou-nos como orar nessa passagem. O versículo 12 chama minha atenção: "Perdoa as nossas dívidas, assim como perdoamos aos nossos devedores". Eu me lembrei da minha assistente pedindo para que eu cancelasse minha dívida e me lembrei de que Cristo foi para a cruz cancelar a minha.

Escreva uma oração pessoal usando a oração do Senhor como referência. Usando as palavras-chaves dos versículos que leu, comece com estas frases:

Senhor, eu te louvo por...

Ajuda-me a fazer tua vontade...
Senhor, preciso...
Por favor, perdoa-me por...

E ajuda-me a perdoar...

Estou lutando com...

Por favor, ajuda-me a permanecer firme.

Pois só tu és Senhor e te dou toda a glória. Amém.

3. Leia Salmos 16:2; 73:25 e Filipenses 3:8.

Embora nunca cheguemos a um ponto de perfeição espiritual, devemos lembrar que esses três versículos são nosso objetivo. Ao caminharmos com Deus, não devemos desejar nada mais do que ter comunhão com Ele. Qualquer coisa que você deseja além disso é um ídolo. Derrube-o assim como Gideão destruiu o altar. Ainda existe algo em sua vida que seja mais desejável que Deus? Se puder, escreva em seu caderno e depois peça a Deus para ajudá-la a destruir essa barreira entre Ele e você em sua vida.

CAPÍTULO DEZOITO

PROMESSA FEITA É PROMESSA MANTIDA

Cerca de seis meses antes de eu conhecer meus dois filhos da Libéria, escrevi o seguinte em minhas anotações:

> Às vezes, fico sobrecarregada com todas as oportunidades de ministério que me cercam todos os dias. Crianças estão morrendo de fome em terras distantes, uma mãe solteira está lutando financeiramente na rua, um centro de gravidez em crise na cidade precisa de voluntários e as amigas da igreja poderiam usar uma refeição caseira trazida à casa delas. Vejo abrigos para desabrigados e casas para mulheres maltratadas, e pessoas em situações catastróficas que andam pelas ruas da minha cidade todos os dias.
>
> Vivemos em um mundo decadente, onde as circunstâncias das pessoas contradizem o que Deus queria que seu povo fosse e se tornasse. Eu, no entanto, aqui estou em uma casa acolhedora, com uma despensa cheia de alimento e três crianças que estão olhando para o modo como vivo e moldando suas vidas conforme a minha. Esta reflexão lateja na minha cabeça: *Sou só uma pessoa, tenho três filhas pequenas, recursos limitados e uma agenda*

já lotada. O que posso fazer? Não posso consertar todos os erros deste mundo. Talvez nem sequer consiga ajudar os desamparados. Então, viro o meu rosto e não faço nada.

Claro, sirvo no ministério Proverbs 31 e na igreja local, mas e os desamparados? E aqueles realmente não têm nada, nem ninguém a quem recorrer? Quem será Jesus para eles hoje? Quem vai demonstrar a reação bíblica aos necessitados?

Tiago 2:14-17 relata: "De que adianta, meus irmãos, alguém dizer que tem fé, se não tem obras? Acaso a fé pode salvá-lo? Se um irmão ou irmã estiver necessitando de roupas e do alimento de cada dia e um de vocês lhe disser: 'Vá em paz, aqueça-se e alimente-se até satisfazer-se', sem, porém, lhe dar nada, de que adianta isso? Assim também a fé, por si só, se não for acompanhada de obras, está morta".

Estou determinada a parar de virar meu rosto. Juro que, embora não possa alcançar todos, posso alcançar pelo menos um. Deus, mostre-me quem.

UMA TAREFA DIÁRIA

Pouco depois de escrever esse trecho, ouvi falar de um menino chamado Sergei que vivia em um orfanato na Bielorrússia (logo abaixo da Rússia). Por meio de outra família que adotou um filho desse mesmo orfanato, consegui obter fotos das condições de vida que esses meninos enfrentam todos os dias.

Fiquei de coração partido. Quis fazer tudo o que estivesse ao meu alcance para ajudá-lo e comecei a orar pela direção divina. Todos os dias, pedia a Deus uma tarefa para ajudar Sergei. Alguns dias, era para eu orar por ele. Outros dias, eu ligava e mandava e-mails ao orfanato, perguntando sobre a possibilidade de deixarem-no viajar para passar um tempo em nossa casa. Embora eu tivesse limitações, Deus abençoou minha obediência e deu-me as tarefas que eu conseguia cumprir.

No meio da noite, recebi uma de minhas tarefas mais preciosas. Acordei com lágrimas jorrando do meu rosto. No início, fiquei confusa e perguntei ao Senhor por que eu estava chorando. Deus gentilmente tocou meu coração respondendo: *Você está tomando as lágrimas de Sergei hoje. É isso o que você está fazendo em meu nome para mudar o mundo hoje. Um órfão irá para a cama nesta noite sem uma única lágrima.*

Deus certamente estava tocando em algo no meu coração. Essas eram mais do que apenas orações por uma criança órfã; elas foram o início de novas aventuras com Deus. Algo estava despertando meu espírito. Meu coração estava se tornando mais consciente de como pulsar em sintonia com o coração do Senhor. Uma ressurreição de significado, de propósito e de desejo estava nascendo em meu horizonte.

SERVIÇO SECRETO

Ao longo de toda essa jornada ministerial, pensei que Deus estava me procurando para fazer grandes coisas *para Ele*. Mas agora estou convencida de que o Senhor não está procurando uma autora *best-seller* ou uma palestrante de estádios. Ele não está procurando gente para dançar sob os holofotes. Ele está procurando por aquelas almas que estão dispostas a chegar bem perto do seu coração e ouvir os clamores dos esquecidos. Ele quer que façamos grandes coisas *com Ele* para alcançar "pelo menos alguns". O ministério que causa maior impacto é aquele que é feito nos lugares secretos; as coisas árduas que não têm nenhuma glória, mas que estão cheias de coragem. O presidente Theodore Roosevelt falou desse tipo de serviço:

O QUE ACONTECE QUANDO UMA MULHER CAMINHA PELA FÉ

Não é o crítico que importa, nem aquele que mostra como o homem forte tropeça, ou onde o realizador das proezas poderia ter feito melhor. Todo o crédito pertence ao homem que está de fato na arena; cuja face está arruinada pela poeira e pelo suor e pelo sangue; aquele que luta com valentia; aquele que erra e tenta de novo e de novo; aquele que conhece o grande entusiasmo, a grande devoção e se consome em uma causa justa; aquele que ao menos conhece, ao fim, o triunfo de sua realização, e aquele que na pior das hipóteses, se falhar, ao menos falhará agindo excepcionalmente, de modo que seu lugar não seja nunca junto àquelas almas frias e tímidas que não conhecem nem vitória nem derrota.[1]

UMA PROMESSA FEITA...

Eu sabia em meu coração que tentar adotar Sergei custaria caro, tomaria completamente o meu tempo e seria arriscado. A essa altura, já havíamos iniciado o processo de adoção dos nossos dois filhos liberianos. Minha face já estava "arruinada pela poeira e pelo suor e pelo sangue", por assim dizer. Deveríamos assumir a responsabilidade disso também?

Por mais louca que a maioria de nossa família e amigos pensassem que éramos, decidimos seguir com as três adoções — nossos dois meninos da Libéria e agora Sergei. A adoção de Sergei seria muito mais complicada do que a dos outros dois, mas Deus continuou abrindo as portas, então continuamos entrando por elas. No mesmo fim de semana em que nossos meninos vieram morar em nossa casa permanentemente, Sergei chegou para sua visita natalina de cinco semanas. A vida era barulhenta, louca, caótica

---

[1]Citado em Bob Buford, *Finishing Well* (Nashville: Integrity Publishers, 2004), p. 171.

e mais maravilhosa do que nunca. Na verdade, Art e eu nunca abrimos nossos presentes. Eles pareciam um pouco insignificantes quando tínhamos mais alegria do que poderíamos suportar apenas observando as crianças que nunca tinham vivido o amor de uma família no Natal.

A visita de Sergei passou rápido; antes que percebêssemos, havia chegado a hora de ele voltar para seu orfanato do outro lado do mundo. Um dia antes de sua partida, pedimos a um tradutor que nos ajudasse a conversar com Sergei sobre a possibilidade de adotá-lo. Ele disse que amou nossa família e queria ser parte dela. Prometemos-lhe que faríamos tudo que estivesse em nosso poder para concluir a papelada necessária para trazê-lo para casa rápido, jamais imaginando que levaria anos.

"ELE VAI ENTENDER"

Quando este livro foi escrito, o processo já demorava mais de um ano e ainda não o tínhamos em casa. Foi um ano difícil de querer e esperar, sentindo-se esperançosa e ao mesmo tempo bastante impotente. Só conseguimos enviar alguns pacotes para ele, alguns e-mails e um fazer uma ligação.

Quando estávamos trabalhando para combinar a ligação para Sergei, pedi a alguns dos funcionários que fornecessem um tradutor para facilitar nossa conversa. Queria que Sergei soubesse que a adoção estava sendo atrasada não por nós, mas pela burocracia de dois governos muito diferentes. Quando nenhum tradutor estava disponível, fiquei decepcionada. Muito tempo tinha se passado desde que Sergei se comunicou em nosso idioma conosco, que duvidei que ele se lembraria de tudo para tornar a conversa significativa. A senhora que estava ajudando a providenciar a ligação, uma das poucas cristãs envolvidas ao nosso favor, sabia que eu estava decepcionada com a notícia. Então, um dia antes da ligação, ela me enviou um e-mail para me encorajar: "Não haverá tradutor porque ninguém sabe o idioma em Ryasno. Mas você dirá que o ama e ele vai entender".

Que verdade linda! Sim, acredito que Sergei se lembraria da minha voz e entenderia que sua mãe o ama. Uma das primeiras frases que Sergei me falou em inglês foi: "Eu amo você, mamãe". A conversa foi mais curta do que eu gostaria e privada de todas as explicações que eu lhe queria dar, mas foi uma conversa boa. Tudo aconteceu do modo como Deus planejou, e pelo jeito foi tudo de que Sergei precisava.

O comentário da senhora bielorrussa faz-me lembrar muito do que Deus continua a me ensinar sobre confiar nele. Quando eu me entristeço com as decepções da vida e clamo a Deus, posso imaginar Deus instruindo o Espírito Santo a dizer algo semelhante a mim. *Não há como traduzir esse fato de uma maneira que ela possa compreender, mas diga-lhe que a amo e que ela vai entender.*

Deus não é maravilhoso? De fato, Deus é bom. Mesmo quando não consigo entender seu tempo e seus caminhos, entendo totalmente seu amor, e isso basta.

UMA PROMESSA MANTIDA...

Não, Deus ainda não ressuscitou essa situação do jeito que espero que ressuscite. Mas Ele ressuscitou o modo como agora eu vejo as coisas. Talvez tenhamos de passar pelos estágios da fé muitas vezes antes que nosso doce Sergei volte para casa, mas o sonho vale a pena. E se a resposta final de Deus for "não"? Com lágrimas nos olhos direi, como diz o hino tão belo, que "Sou feliz com Jesus, meu Senhor". Não verei como perda de tempo ou de dinheiro. Vou me recusar a ser atolada pela amargura. Em vez disso, vou me sentir privilegiada por poder conhecer, amar e orar por esse menino. Esse menino, com quem não compartilho nenhuma conexão biológica, mas que conquistou meu coração e tocou em meus instintos maternos. Esse menino, a quem amarei para sempre à medida que valorizo nossas cinco curtas semanas juntos.

Meu momento favorito com Sergei era à noite, depois do banho, quando eu entrava em seu quarto e o colocava na cama. Eu fazia orações e arrumava os cobertores do jeito que ele gostava, apertados ao redor de seu corpinho, apenas com o topo da cabeça e os olhos espreitando para fora. Então, eu cantaria para ele na terra dos sonhos e veria a paz envolver sua vidinha.

Essa é a lembrança que valorizo. Tenho certeza de que a alma de Sergei foi impactada para sempre pelo seu tempo conosco, e Jesus um dia virá para ser o Senhor da vida dele. Embora possa não ter o lar aqui na terra que eu quero que ele tenha, estou convencida de que ele terá algo muito melhor: um lar eterno sem mais lágrimas, sem mais fome, sem noites solitárias, sem dias incertos, sem esperanças frustradas e sem perguntas não respondidas.

Não importa o que aconteça, encontrei paz ao saber que Deus prometeu em Salmos 68:5 ser "Pai para os órfãos". Ainda que a melhor resposta pareça ser ter Sergei conosco, realmente o melhor lugar para ele é onde ele pode conhecer a Deus. Embora um orfanato abandonado pareça um lugar improvável, Deus está lá. Posso imaginar um coral de anjos cantando para ele dormir e seu Pai celestial colocando-o na cama. Enquanto seus olhos espreitam sobre as cobertas bem apertadas, a última visão que ele terá todas as noites é o rosto sorridente de seu Papai Celestial.

E a minha promessa para Sergei? Minha promessa de ir buscá-lo não será quebrada, mesmo se eu nunca conseguir trazê-lo fisicamente para casa, pois preguei para Sergei sobre Jesus, aquele por quem sua alma realmente anseia muito mais do que uma mamãe e um papai. A parte mais gloriosa da ressurreição é a promessa que Jesus nos deu de que Ele voltará. "Eis que venho em breve! Eis que venho em breve! A minha recompensa está comigo, e eu retribuirei a cada um de acordo com o que fez. Eu sou o Alfa e o Ômega, o Primeiro e o Último, o Princípio e o Fim. Eis que venho em breve!" (Apocalipse 22:7,12,20).

Eu seria negligente se a levasse a acreditar que nesta jornada de fé, a fase de ressurreição sempre termina com um "e eles foram felizes para sempre". Vivemos em um mundo decadente com discrepâncias e injustiças angustiantes, mas nossa alma pode elevar-se acima dos caminhos empoeirados desta terra até o reino celestial vitorioso, que é o nosso verdadeiro lar. Devemos sempre nos lembrar de que este lugar é apenas uma parada ao longo do caminho, e não o nosso verdadeiro destino.

Certa vez, uma professora de Escola Dominical compartilhou que a fé representa abandonar tudo e confiar em Deus. Números 23:19-20 descreve: "Deus não é homem para que minta, nem filho de homem para que se arrependa. Acaso promete, e deixa de cumprir? Acaso ele fala, e deixa de agir? Acaso promete, e deixa de cumprir? Recebi uma ordem para abençoar; ele abençoou, e não o posso mudar".

Deus pode não ressuscitar todas as circunstâncias em sua vida, mas ressuscitará uma confiança mais profunda e segura nele se assim você permitir.

ESTUDO BÍBLICO PESSOAL

1. Leia Lucas 1:5-25 e 18:1-8.

Zacarias era um homem muito velho quando um anjo lhe disse: "Não tenha medo, [...] sua oração foi ouvida". Quando o anjo apareceu, Zacarias provavelmente já tinha desistido de ter sua oração por um filho ser respondida por Deus. Ele tinha seguido com sua vida, aceitando o silêncio de Deus como um "não" e continuando a servir ao Senhor. Lucas 1:6 cita que ambos, Zacarias e sua esposa, Isabel, "eram justos aos olhos de Deus, obedecendo de modo irrepreensível a todos os mandamentos e preceitos do Senhor". Eles escolheram continuar honrando a Deus e colocaram seu relacionamento com Ele acima da necessidade de ter filhos. Eles escolheram não se amargurar e não se afastar do Senhor. Ainda assim, Deus, em seu tempo, escolheu responder as orações deles muito depois que eles tivessem esperanças. Às vezes, paramos de orar, jogamos a toalha e imaginamos que nossas orações serão esquecidas só porque paramos de pedir. Essa história mostra que Deus responde às orações de acordo com o tempo dele, e não no nosso. Que não esqueçamos desse elemento essencial em nossa vida de oração.

Jesus usa a parábola da viúva e do juiz para mostrar que devemos orar constantemente e persistir. Assim como a viúva finalmente "saturou" o juiz, podemos prevalecer sobre Deus ao perseverar em nossa vida de oração. Lucas 18:7 narra: "Acaso Deus não fará justiça aos seus escolhidos, que clamam a ele dia e noite? Continuará fazendo-os esperar?". Não deixe que a sabedoria mundana a impeça de ir diante de Deus sempre com suas necessidades. Aprendi isso porque sinto que devo estar "saturando" Deus com minhas orações constantes por Sergei. Vou continuar a orar com esperança e só vou parar quando sentir a resposta de Deus. Gálatas 4:18 cita: "É bom sempre ser zeloso pelo bem, e não apenas quando estou presente". Que sejamos todas zelosas em nossa vida de oração! Em seu caderno, escreva uma área da qual você possa ter desistido e precisa se comprometer novamente a orar.

2. Leia Salmos 56:8, Isaías 25:8 e Apocalipse 7:17.

Na noite em que acordei chorando por Sergei, Deus trouxe esses versículos à minha mente. Embora eu tenha enxugado as lágrimas de Sergei naquela noite incrível, Deus nos mostra em sua Palavra que Ele enxuga nossas lágrimas todos os dias. É incrível para mim que o Deus do universo pare no meio de toda a sua criação para enxugar nossas lágrimas e recolhê-las em um odre. Na próxima vez que eu chorar, pretendo agradecer a Deus em meio às lágrimas por Ele se importar comigo assim — e Ele se preocupa com você assim também! Anote o que esses versículos significam pessoalmente para você.

3. Leia Romanos 8:23-25.

Quando vivi o milagre da adoção em primeira mão, aprendi como é um presente de Deus ser inserido em sua família. Cada alma anseia se sentir em casa, e todos nós estamos gemendo interiormente por nosso verdadeiro lar, o céu. Lá, viveremos a ressurreição diferente de qualquer forma que já vivenciamos na Terra. Faremos parte da família e da casa de Deus. E assim diz a canção: "Quando ao céu nós chegarmos / Oh! Que dia de júbilo há de ser!". Agradeça a Deus hoje, pois Ele a adotou em sua família.

CAPÍTULO DEZENOVE

DEUS DÁ VIDA AOS SONHOS

Enquanto a senhora caminhava em minha direção, eu sabia exatamente o que ela estava pensando e sentindo. Ela se sentia tão insignificante. Tão pequena. Ela veio em minha direção na frente do recinto. Eu estava cercada por mulheres de todas as idades. Algumas só queriam dar-me um abraço chorando. Outras seguravam meus livros nas mãos, buscando uma nota de incentivo ou um autógrafo. Ela só queria me perguntar *como*? Como ela pega uma vida despedaçada e permite Deus usá-la para sua glória? É possível que uma menina rejeitada pelo pai pudesse de fato ser escolhida e separada para um chamado divino? Como ela podia superar a situação de não ser capaz de proclamar o amor de Deus lá do pódio?

Ela esperou na fila por sua vez. Então, quando abriu a boca para falar, sua garganta apertou, seus olhos marejaram e tudo que ela pode chiar foi um *"como?"* emotivo. Ela queria levar-me para sua casa para ensiná-la. Ela queria colocar-me dentro da mala dela, para que eu pudesse tirá-la de sua vida e levá-la para uma vida que faz a diferença. Queria que eu compartilhasse uma resposta rápida e fácil, três passos fáceis para a vida dos seus sonhos, tudo pela bagatela de participar do seminário. Mas eu não era uma ilusionista, uma vendedora astuta ou uma mulher procurando por uma nova hóspede. Eu era uma mulher que havia vivenciado mágoas profundas e decepções amargas e que tinha escolhido render sua vida — com todos os seus fracassos e dores — a Deus.

Eu não lhe dei a resposta rápida e fácil que ela estava procurando. Eu não lhe dei nenhuma direção ou sabedoria profunda. Tivemos somente tempo para que eu simplesmente lhe dissesse como eu comecei, e então a vi voltando para seu assento. Mas ela não estava voltando vazia e sem esperança.

Orei pelo que deixei faltar em palavras, compensei com meu exemplo. Orei para que ela tivesse visto Jesus em mim. Orei para que ela tivesse visto a prova viva da redenção de Deus. Orei por ela pensar consigo mesma: "Se Deus pode fazer isso com ela, acho que tem esperança para mim, afinal de contas". E oro para que algo novo, grande e direcionado por Deus nasça nela e confirme em seu coração de um jeito inegável naquele dia.

Embora ela ainda não soubesse *como* Deus poderia talvez a usar, oro para que ela saiba que Ele podia dar um jeito. Embora ela não soubesse *quando* Deus poderia a usar, oro para que ela saiba que o tempo oportuno estava nas mãos do Senhor. Embora sequer achasse que tinha muito a oferecer, ela sabia que Deus preencheria seus vazios. Oro para que ela simplesmente saiba que Deus estava lhe chamando, convidando-a, conquistando-a para algo com suas impressões digitais por toda a parte, e isso bastava.

SENTINDO DEUS

Lembra do primeiro capítulo deste livro? A mesma cena tinha acontecido muitos anos atrás, só que agora eu era a palestrante.

DEUS DÁ VIDA AOS SONHOS

Eu mal podia acreditar. Deus realmente dá vida aos sonhos! Eu tinha acabado de falar para um auditório lotado de mulheres e para mais de 100 mil outras por transmissão simultânea. Minha mesa estava empilhada com meus livros, e agora as mulheres faziam fila para me conhecer. Foi quando eu percebi.

Não é isso que enche meu coração de alegria. Fui humilde por ser um vaso por meio do qual outras mulheres podiam ser tocadas. Fiquei grata por poder vivenciar tudo isso, mas apenas não foi a experiência máxima que sempre pensei que seria. Não me fez sentir mais importante ou menos insegura. Foi passageiro e o brilho dos holofotes estava completamente vazio. A compreensão me atingiu com força: a alegria da jornada não é só alcançar a Terra Prometida. A alegria real era sentir Deus ao longo de todas as fases de fé. Fechei meus olhos e absorvi esse momento de grande verdade.

Como somos surpreendentemente parecidas com os filhos de Israel! Passamos metade da nossa vida olhando para o nosso próprio Egito com lembranças seletivas, desejando ter de volta nossa zona de conforto. Então, passamos a outra metade dos nossos dias perdendo tempo, ansiando por um sonho de futuro em nossa própria Terra Prometida. O pouco tempo que realmente focamos na jornada de hoje é geralmente desperdiçado em reclamar, murmurar, desejar estar em um lugar diferente ou apenas e irrefletidamente viver de forma mecânica. Por que lutamos para aceitar o momento que nos foi dado e sentir Deus aqui e agora?

Independentemente de onde você esteja hoje, Deus está com você. Deus está lhe conquistando. Deus deseja que você o sinta. Seja o que for que você esteja atravessando hoje, você pode encontrar sua alegria e paz. Por mais distantes que seus sonhos possam parecer, Deus está resolvendo as coisas e hoje é uma parte importante desse processo. Lembre-se das suas experiências com Deus. Escreva-as. Considere-as. Valorize-as em seu coração. E prometa que sentir Deus será o objetivo mais elevado da sua jornada de fé.

ATALHOS

Nem a jornada nem a Terra Prometida darão ao meu coração o que ele deseja genuinamente. Tenho de caminhar com Deus diariamente e permitir que Ele faça do jeito dele em meu coração. Tenho que aceitar as lutas, bem como os triunfos, as alegrias e as tristezas, as mortes e as ressurreições. Nenhum atalho ou solução rápida vai ajudar a me tornar a mulher que Deus deseja que eu me torne.

Algum tempo atrás, Art achou que pegaria uma espécie de atalho. Por meio das maravilhas da tecnologia moderna, a maravilhosa cirurgia refrativa LASIK prometia livrar Art de suas temidas lentes de contato e óculos. Mas ele queria fazer mais barato e mais rápido do que a maioria dos médicos de nossa área poderia prometer, então adiou a cirurgia. Certo dia, ele encontrou no jornal um cupom para uma cirurgia LASIK super-rápida e superbarata, e agarrou a oportunidade.

Fiquei um pouco preocupada no dia da cirurgia, quando cheguei ao centro médico. Quem já ouviu falar em fazer uma cirurgia ocular na carroceria de um caminhão estacionado ao lado do shopping perto de uma caçamba? Mas a tentação de economizar alguns trocados e conseguir uma solução rápida anulou as dúvidas que Art pudesse ter, e ele subiu as escadas bambas e desapareceu dentro do caminhão.

No início, parecia que a cirurgia tinha funcionado. Porém, com o passar dos meses, a visão de Art voltou a ficar tão ruim quanto antes, se não um pouco pior. Por fim, ele acabou tendo que dirigir para fora da cidade para ir a um especialista e ter seus olhos operados, o que acabou lhe custando mais tempo e dinheiro do que se tivesse feito a coisa certa desde o começo.

Apesar disso, não posso culpar Art por sua travessura médica, porque cometi o mesmo erro na minha caminhada espiritual várias vezes. Você sabe muitas das minhas experiências porque leu sobre elas neste livro. Meus momentos de antecipar-me a Deus, dar sugestões para Ele, manipular as circunstâncias e sentir-me frustrada quando meus atalhos... bem, não foram suficientes! Tenho uma visão de algo, pego um atalho para que isso aconteça e peço que Deus abençoe meus planos. Como isso deve partir o coração do Senhor!

NOSSA FORÇA MOTIVADORA

Há um propósito eterno para tudo que não pode ser deixado de fora.

> Dentro de você, na profundidade de seu ser, mora um pequeno rouxinol. Escute. Ouça-o cantar... Esquecemo-nos de sua presença, é tão fácil de ignorar. Outros animais são de maior tamanho, mais barulhentos, mais exigentes, mais imponentes. Porém nenhum é tão constante. Outras criaturas da alma podem alimentar-se com maior facilidade. Ficam satisfeitas com maior rapidez. Alimentamos o leão que rosna por poder. Acariciamos o tigre que exige afeto. Domamos o potro que resiste ao controle. Mas que fazemos com a cotovia que anela a eternidade?[1]

---

[1] Max Lucado, *When God Whispers Your Name* (Nashville: W Publishing Group, 1994), p. 165-66.

Você já ouviu esse piar constante em sua alma? Pequenos avisos de que este lugar não é tudo que existe. Sou muito grata que a Terra sempre produzirá descontentamentos e limitações. Sou muito grata por falar para multidões de pessoas que não são tudo o que parece ser. Estou emocionada em saber que outros palestrantes que sempre admirei não estão mais preparados do que eu. Porque tudo isso mantém meu coração centrado e firmado somente em Deus. Precisamos aprender a ansiar por aquele que detém nossa eternidade e permitir que sua canção seja a força motivadora em nosso coração.

GALERIA DA FAMA

Buscar uma fé mais profunda não é jogar o jogo espiritual de competir com os vizinhos, de ser admirada e elogiada por nossas grandes aquisições espirituais. Não, muito pelo contrário. Caminhar perto de Deus dá-nos uma visão mais aguçada da nossa necessidade desesperada por Ele.

Pense por apenas um minuto na pessoa que tem sido a maior influência espiritual na sua vida. Ela pode ser uma professora de Escola Dominical conhecida ou uma senhora da sua igreja. Seja quem for, deixe-me contar um segredinho. Ela ainda luta contra a insegurança de vez em quando. Há questões em sua vida que ela tentou mudar por anos e ainda não conseguiu. Ela tem pessoas em sua vida que a perturbam e a irritam. Deus até a magoou uma ou duas vezes. Oh, puxa! Ela é tão humana.

Hebreus 11, a galeria dos heróis da fé, elogia muitos pela maneira como caminharam com Deus. Mas, conforme examino esses versículos, não posso deixar de me impactar com a realidade de que cada pessoa listada tinha alguns defeitos. Nenhuma delas teve uma vida perfeita, mas todos tiveram uma vida digna de ser mencionada na Palavra de Deus. Por quê? Bem, tinha muito pouco a ver com elas. Elas foram mencionadas simplesmente porque acreditavam que Deus é quem Ele disse que é, e confiaram que Ele faria o que disse que faz. "Ora, a fé é a certeza daquilo que esperamos e a prova das coisas que não vemos. Pois foi por meio dela que os antigos receberam bom testemunho" (Hebreus 11:1-2).

Como eu já disse várias vezes, o importante não é o que você faz para Deus, mas sim que você venha a conhecê-lo e crer nele ao longo do caminho.

ESTUDO BÍBLICO PESSOAL

1. Leia Atos 7:44-50.

À medida que passamos por essa história do povo de Deus de Abraão à Josué, temos constantemente visto Deus no meio do seu povo. Ele *precisa* de um tabernáculo ou santuário na terra?

Não. Como esses versículos nos relatam, Ele tem todo o céu como seu trono, e a terra é simplesmente o estrado dos seus pés. Ele não precisa de nós para construir para Ele um lugar de descanso, mas Ele sabia que precisaríamos de um lugar para encontrarmo-nos com Ele — um lembrete visual de que Ele está em nosso meio.

Nosso criador sabe do que precisamos. Em sua misericórdia, Ele deu aos israelitas aquele lembrete visual, instruindo-os a construir o tabernáculo. Hoje, a igreja, a Bíblia, e até mesmo nossos próprios lares podem servir como lembretes visuais da presença de Deus. Jesus é acessível a nós em todo o tempo. Ele veio como Emanuel, Deus *conosco*. Ele rasgou o véu que nos separava de Deus. Por meio de sua morte, Ele está sempre em nosso meio e nunca estamos sozinhos. Louve ao Senhor hoje por ser o Emanuel em sua vida — e não se esqueça de que Ele está sempre ao seu lado. Em seu caderno, escreva maneiras de tornar sua casa um santuário.

Uma sugestão: volte a ler este livro e escolha as passagens das Escrituras que a impactaram. Escreva-as em fichas e as distribua pela casa. Deuteronômio 6:9 cita: "Escreva-as nos batentes das portas de sua casa e em seus portões".

2. Leia Salmos 78:4-7 e 79:13.

Este capítulo se chama "Deus dá vida aos sonhos". Ao fazer a jornada ao longo deste livro e do estudo da Bíblia, você certamente teve alguns encontros incríveis com o Senhor. Você tem visto Deus dar vida aos sonhos, independentemente de em qual ponto da jornada você está. Tenha cuidado de lembrar-se de suas experiências com Deus e transmiti-las para a próxima geração, conforme descrito nesses versículos.

Nos próximos dias e semanas, faça um esforço para compartilhar alguma parte da sua história com alguém. Se você tem filhos, compartilhe com eles, de um modo que possam entender, o que você tem aprendido sobre Deus. Diga-lhes sobre os sonhos que Deus tem plantado em seu coração e como Deus os está realizando em sua vida. Enfatize aos seus filhos que *eles* são parte dos seus sonhos. Agindo assim, você faz Deus ser real para eles, pois aprenderão pelo exemplo que eles também podem ter um relacionamento com Deus. Quando Moisés entregou os Dez Mandamentos aos israelitas, disse ao povo: "Que todas estas palavras que hoje lhe ordeno estejam em seu coração. Ensine-as com persistência a seus filhos. Converse sobre elas quando estiver sentado em casa, quando estiver andando pelo caminho, quando se deitar e quando se levantar" (Deuteronômio 6:6-7). Converse com seus filhos e com seus entes queridos sobre Deus. Faça o nome do Senhor ser famoso em sua casa. Escreva algumas ideias de histórias específicas que você pode compartilhar com os outros sobre a obra de Deus em sua vida. Peça a Deus para trazer algumas pessoas à mente se você está tendo dificuldades com isso.

3. Leia Êxodo 17:14-15 e Josué 4:1-9.

Ambas as passagens falam sobre estabelecer algum tipo de memorial para o que Deus tem feito em nossa vida. Quer o escrevamos como uma recordação, façamos um cartaz ou construamos um altar, estamos celebrando a obra de Deus em nossa vida para que todos vejam. Deus sente claramente que isso é importante para nós, porque Ele incluiu esses e outros exemplos na Bíblia. Como você pode criar uma recordação do que Deus fez em sua vida? Peça-lhe para revelar uma forma a que se adapte perfeitamente à sua personalidade e aos seus talentos únicos. Escreva algumas ideias em seu caderno.

CAPÍTULO VINTE

TODAS AS PROMESSAS CUMPRIDAS

Uau, que aventura tivemos! E quantas pessoas diferentes temos visto ser exaltadas para ser as estrelas do elenco desse show. Primeiro, Deus plantou um sonho de uma nação escolhida vinda de um homem sem filhos chamado Abraão. Depois com José, que passou boa parte de sua vida sendo traído e vivendo na prisão, mas foi promovido para ser o segundo homem mais poderoso na terra. E não devemos nos esquecer de Moisés, que não só viu alguns dos mais espetaculares milagres já feitos pela mão de Deus, mas também viu o próprio Deus! Seguimos com os filhos de Israel, cujos ciclos de desobediência provaram ser um rico campo de treinamento para nós. Agora, finalmente, o momento que todos temos esperado — Josué e a Terra Prometida!

Josué me inspira, como nenhuma outra personagem na Bíblia, por causa de sua determinação em ser totalmente obediente a Deus. Ele deixou de lado todas as suas reservas humanas e seguiu a Deus firmemente. Ele estava com Moisés no Egito durante todos os altos e baixos da peregrinação no deserto e viu seu amado líder morrer antes de chegar à Terra Prometida. Ele observou e aprendeu bem. Agora, era chegado o seu tempo de liderar. Ele, porém, não hesitou como Moisés. Não questionou Deus como Moisés questionara. Deus disse, Josué creu, e a Terra Prometida foi conquistada.

Veja as maneiras profundamente diferentes de Moisés e Josué abordarem as tarefas que lhes foram apresentadas.

A CONFIANÇA DELES

Quando Deus disse a Moisés que ele seria o líder, Moisés olhou para todas os motivos pelos quais ele não poderia fazer isso. Não vemos nenhum registro semelhante de Josué hesitando. Josué deve ter entendido que seu chamado tinha muito pouco a ver com suas qualificações. Deus seria o libertador. Josué entendeu e caminhou com confiança nesse conhecimento.

Deus tinha dito: "Ninguém conseguirá resistir a você, todos os dias da sua vida. Assim como estive com Moisés, estarei com você; nunca o deixarei, nunca o abandonarei. Seja forte e corajoso, porque você conduzirá esse povo para herdar a terra que prometi sob juramento aos seus antepassados" (Josué 1:5-62). Que bela declaração de Deus para aumentar a confiança!

Deus continuou dizendo a Josué para ser "forte e corajoso" mais duas vezes neste capítulo. Ele até fez com que os israelitas o tranquilizassem da mesma forma: "Tudo o que você nos ordenar, faremos, e aonde quer que nos enviar, iremos. Assim como obedecemos totalmente a Moisés, também obedeceremos a você. Somente que o Senhor, o seu Deus, seja com você, como foi com Moisés. Todo aquele que se rebelar contra as suas instruções e não obedecer às suas ordens, seja o que for que você lhe ordenar, será morto. Somente seja forte e corajoso" (Josué 1:16-18). A confiança de Josué veio como um subproduto natural de sua personalidade? Penso que não. Se a confiança viesse naturalmente para Josué, não acho que Deus tivesse de dizer a ele para ser forte e corajoso várias vezes. Não, a confiança de Josué era inabalável porque ele confiava nas promessas de Deus.

A OUSADIA DO POVO

Israel fugiu do Egito sob a liderança de Moisés, mas eles entraram em pânico quando chegaram ao mar Vermelho. Eles estavam cercados entre um exército mortal e um mar perigoso. Moisés clamou ao Senhor em favor deles e disse ao povo para ficarem parados. Deus parecia frustrado quando respondeu: "Por que você está clamando a mim? Diga aos israelitas que sigam avante. Erga a sua vara e estenda a mão sobre o mar, e as águas se dividirão para que os israelitas atravessem o mar em terra seca". Talvez Deus já tenha dito para seguir avante, e ninguém se mexeu. Nem mesmo um dedão foi colocado na água até que elas primeiro se abrissem e o solo secasse.

Por sua vez, quando Deus instruiu Josué a dizer aos sacerdotes que entrassem no rio Jordão, eles entraram sem hesitar. Sob sua liderança, eles estavam dispostos a se molhar e confiar que Deus separaria a água antes de ver a terra seca.

Assim que os sacerdotes que carregavam a arca da aliança chegaram ao Jordão e seus pés tocaram as águas, a correnteza que descia parou de correr [...]. Os sacerdotes que carregavam a arca da aliança do Senhor ficaram parados em terra seca no meio do Jordão, enquanto todo o Israel passava, até que toda a nação o atravessou também em terra seca (Josué 3:15,17).

Esse exemplo me desafia. Sou o tipo de líder que precisa ver primeiro a terra seca ou estou disposta a ficar um pouco molhada e um pouco suja para entrar na incerteza e confiar nele? O quanto realmente sou ousada por Deus?

A CORAGEM DELES

A maneira como eles lidaram com os gigantes também foi muito diferente. Quando os espiões israelitas exploraram a Terra Prometida e deram um relatório, Moisés permitiu que a visão negativa de dez homens impactasse as opiniões de toda a nação. Deus deu a certeza de que iria diante deles. A vitória era certa.

Calebe, um dos espiões que se apegou às promessas de Deus, confirmou que eles deveriam ir dizendo: "Subamos e tomemos posse da terra. É certo que venceremos" (Números 13:30). O povo, porém, não lhe daria ouvidos. A negatividade cresceu e se espalhou rapidamente por todo o acampamento. Moisés entristeceu-se quando o povo não quis ouvi-lo, mas em vez de permanecer firme, ajoelhou-se na frente deles e implorou. Deus ficou muito descontente e assim deu início ao período de 40 anos de peregrinação no deserto.

A coragem de Josué e dos israelitas sob sua liderança era muito diferente das gerações anteriores. Em vez de focar em temer o inimigo, eles focaram em se purificar, libertando seus corações do pecado. Então, eles corajosamente foram aonde Deus disse para irem, fizeram exatamente como foram instruídos e conquistaram a Terra Prometida do modo que Deus havia ordenado.

Josué, porém, deu um passo adiante. Ele queria colocar em perspectiva o medo que havia mantido os israelitas longe da

Terra Prometida por quarenta anos. Então, ele deu um exemplo dos inimigos dos reis. Josué 10:24 registra um momento glorioso para os filhos de Israel: "Quando os levaram a Josué, ele convocou todos os homens de Israel e disse aos comandantes do exército que o tinham acompanhado: 'Venham aqui e ponham o pé no pescoço destes reis'. E eles obedeceram".

Henry e Richard Blackaby fizeram a seguinte observação:

> Os jovens soldados israelitas cresceram com um medo horroroso desses reis. Eles passaram ano após ano desperdiçando sua juventude em um deserto árido, enquanto seus pais idosos debilmente justificavam sua desobediência a Deus explicando que Canaã era povoada por gigantes ferozes e invencíveis. Mas agora eles tinham visto esses "gigantes" de perto. Até mesmo seus reis eram homens comuns que podiam ser humilhados por Deus. Josué queria remover qualquer dúvida da mente de seus soldados de que quando andassem obedientemente com Deus, eles eram invencíveis. Durante o restante da liderança de Josué, não há menção de seus soldados temerem seus inimigos.[1]

Deus deu vitória aos filhos de Israel e colocou seus temores debaixo de seus pés. O coração ágil e obediente de Josué inspirou seus seguidores a se tornarem pessoas ágeis e obedientes. Em defesa de Moisés, Josué teve a vantagem de aprender com os erros de seu antecessor. Josué viu Moisés em seus momentos de completa obediência e bênção de Deus. Ele viu Moisés em tempos de desobediência e punição de Deus. Ele viu Moisés morrer

---

[1]Henry Blackaby e Richard Blackaby, *Called to Be God's Leader: Lessons from the Life of Joshua* (Nashville: Thomas Nelson Publishers, 2004), p. 182-84.

antes de chegar à Terra Prometida, assim como Deus disse que aconteceria. Josué viu a grande fé de Moisés dominada, apesar de seus erros. Josué viu um herói. Josué não apenas viu, mas também aprendeu. Ele permitiu que o que tinha visto tivesse um efeito profundo em sua vida.

Temos a mesma vantagem que Josué teve. Agora vimos esses grandes heróis da fé que caminharam antes de nós. Observamos, estudamos, ponderamos, aprendemos. Agora, que tipo de diferença a vida deles terão no modo como caminhamos? A história cresce à medida que o povo de Deus sob a liderança de Josué toma posse da terra. A tão esperada Terra Prometida. Chegou a hora de tomarmos posse de algo também. Devemos atravessar o rio, gritar, ver as paredes desabar e tomar posse das promessas de Deus.

Você percebeu esse tema em segundo plano ao longo de todo o livro? Estamos nos preparando para possuir todas as promessas de Deus para nós. O dicionário Houaiss define *possuir* como "(1) ser proprietário de, ter; (2) manter em seu poder, ter; (3) fazer uso de, desfrutar".

Não é uma definição reveladora? Como isso se aplica à nossa posse das promessas de Deus! Devemos primeiro aprender a aceitá-las como nossas. Não que as possuamos exclusivamente, mas que as possuímos pessoalmente. Passamos a depender de Deus e de suas promessas para instruir-nos, ensinar-nos e liderar-nos. Em segundo lugar, nossa posse das promessas de Deus nos afeta. Ele esculpe e molda nosso caráter. Ele redefine quem somos e o que representamos. E por último, Deus e suas promessas têm o controle sobre nossa vida.

Nosso relacionamento com Ele nos muda tão profundamente que, como resultado, vivemos uma vida completamente diferente. Nós realmente nos tornamos a nova criação que Deus pretende que nos tornemos. "Portanto, se alguém está em Cristo, é nova criação. As coisas antigas já passaram; eis que surgiram coisas novas!" (2Coríntios 5:17). A fim de possuir as promessas de Deus dessa forma, devemos renunciar às nossas antigas dependências. O que mais ou quem mais compete com Deus por sua dependência?

São os seus pais? Seu cônjuge? Seus filhos? Sua carreira? Seu estilo de vida? Seus sucessos passados? Seja o que for ou quem quer que seja, deixe-me encorajá-lo a renunciar a esses falsos apoios e depender somente de Deus para capacitá-la. Andy Stanley dá-nos um desafio:

> Seu objetivo principal deve ser viver em um estado contínuo de rendição, reconhecendo que sem a intervenção do Espírito Santo você será derrotado pelo poder do pecado. Se há um tema singular que emerge de toda a Escritura, é este: por meio do relacionamento com Deus, o homem finalmente é capaz de fazer o que era incapaz de fazer sozinho. É disso que se trata andar no Espírito. E é o que se resume o caráter [...]. O caráter é o subproduto da dependência [...]. O caráter é a vontade de fazer o que é certo, conforme definido por Deus, independentemente do custo pessoal.

Josué era de fato um homem de caráter. Quando os israelitas finalmente possuíram a Terra Prometida e a dividiram entre as tribos, ele foi o último a receber sua porção designada. Josué se certificou de que todos tivessem o que mereciam antes dele. Ele

---

[2]Andy Stanley, *Louder than Words* (Sisters, Oregon: Multnomah, 2004), p. 35, 174-75.

tinha sua Terra Prometida, porém o mais importante, ele tinha as promessas de Deus.

Oro para que isso seja verdade na sua vida também. Caminhar com Deus leva você a lugares incríveis, porém o mais importante: permite que você o sinta de maneiras incríveis. Nós não apenas o sentimos, mas temos esperança de que também fomos transformados por Ele. Acho apropriado deixá-las com uma parte do discurso final de Josué para as pessoas que ele tanto amava. Eles tinham viajado juntos. Tinham vencido juntos. Tinham se apaixonado profundamente por Deus juntos. Que assim também seja conosco!

> Vocês mesmos viram tudo o que o SENHOR, o seu Deus, fez com todas essas nações por amor a vocês; foi o SENHOR, o seu Deus, que lutou por vocês. [...] Façam todo o esforço para obedecer e cumprir tudo o que está escrito no Livro da Lei de Moisés, sem se desviar, nem para a direita nem para a esquerda. [...] Agora estou prestes a ir pelo caminho de toda a terra. Vocês sabem, lá no fundo do coração e da alma, que nenhuma das boas promessas que o SENHOR, o seu Deus, lhes fez deixou de cumprir-se. Todas se cumpriram; nenhuma delas falhou (Josué 23:3,6,14).

O que acontece quando mulheres caminham em fé? Bem, agora você conhece minha história.

Oh, querida amiga, que privilégio tem sido caminhar parte desta jornada com você! Minha oração é que você tenha uma visão mais clara de onde você está nas fases da fé e que esse conhecimento lhe dê coragem para seguir em frente. Embora a aventura seja mais árdua e maior do que já imaginamos, espero que agora você possa dizer, sem sombra de dúvida, que caminhar com Deus de fato leva você para lugares extraordinários. Continue se esforçando para se tornar uma mulher que olha para trás em sua caminhada com Deus sem arrependimentos. Por que isso, minha amiga, é o sonho verdadeiro.

ESTUDO BÍBLICO PESSOAL

Como encerramos o livro e o estudo bíblico, gostaria de terminar com minha oração por você, minha amiga. Por favor, procure esses versículos conforme eu os cito, medite neles e faça deles sua própria oração. Oro para que você faça esta oração constantemente ao prosseguir em sua caminhada com Deus.

> Oro para que quando ouvir a voz de Deus, você não endureça seu coração (Salmos 95:7-8; Hebreus 4:7-8).
>
> Oro para que você viva pela fé, e não por vista (2Coríntios 5:7).
>
> Oro para que você continue a crescer em maturidade espiritual (Colossenses 4:12).
>
> Oro para que você seja capaz de compreender a largura, o comprimento, a altura e a profundidade e do amor de Cristo por você (Efésios 3:18-19).
>
> Oro para que você sempre seja ávida para fazer o que é certo (Hebreus 13:21).
>
> Oro para que o Deus da esperança a encha de muita alegria e paz enquanto você confia nele (Romanos 15:13).
>
> Oro para que Deus lhe dê um espírito de sabedoria e revelação (Efésios 1:17).
>
> Oro para que você seja tão amorosa quanto Deus e tão paciente quanto Cristo (2Tessalonicenses 3: 5).

Oro para que Deus a fortaleça com poder por meio de seu Espírito (Efésios 3:16).

Oro para que você se dê bem com os outros assim como Jesus se relacionou bem com todos nós (Romanos 15:5).

Oro para que você se humilhe diante do Senhor, admitindo que depende dele (Tiago 4:10).

Oro para que você continue se exercitando na piedade (1Timóteo 4:7).

E por último, oro para que você continue a viver em Cristo, enraizada e edificada nele, fortalecida pela fé à medida que você foi eOnsinada e transbordando de gratidão (Colossenses 2:6).

Ore essas orações ao longo de sua semana e vivencie o poder de orar a Palavra de Deus. Que a sua vida seja sempre transformada pela sua espetacular caminhada com Deus. Amém e amém.

Sua opinião é importante para nós.
Por gentileza, envie-nos seus comentários pelo e-mail:

editorial@hagnos.com.br

Visite nosso site:

www.hagnos.com.br